So wird es gemacht:

Öffne das LÜK®-Kontrollgerät und lege die Plättchen in den unbedruckten Deckel. Jetzt kannst du auf den Plättchen und auf dem Geräteboden die Zahlen 1 bis 24 sehen.

Öffne es von der Rückseite. Wenn du das bei der Übungsreihe abgebildete Lösungsmuster siehst, hast du alle Aufgaben richtig gelöst.

Beispiel: Seite 2 „Suche zu jedem Wort das Bild!“

Nimm das Plättchen 1 und sieh dir Aufgabe 1 an. Die Lösung ist ‚Affe‘ mit der Zahl 14. Die 14 ist auch die Feldzahl, auf die du das Plättchen im Kontrollgerät legen musst. Lege also das Plättchen 1 auf das Feld 14 im Geräteboden. Die Zahl 1 muss nach oben zeigen. So arbeitest du weiter, bis alle Plättchen im Geräteboden liegen. Schließe dann das Gerät und drehe es um.

Passen einige Plättchen nicht in das Muster, dann hast du dort Fehler gemacht. Drehe diese Plättchen da, wo sie liegen, um, schließe das Gerät, drehe es um und öffne es wieder.

Jetzt kannst du sehen, welche Aufgaben du falsch gelöst hast. Nimm diese Plättchen heraus und suche die richtigen Ergebnisse. Kontrolliere dann noch einmal. Stimmt jetzt das Muster?

Das System ist für alle Übungen gleich: Die roten Aufgabennummern im Heft entsprechen immer den LÜK-Plättchen aus dem Kontrollgerät. Die Zahlen hinter den Lösungen sagen dir, auf welche Felder des Kontrollgerätes du die Plättchen legen musst.

Und nun viel Spaß!

Hinweis: Bei einigen Namenwörtern wird das Geschlecht durch diese Symbole angegeben:
○ männlich („der Kreis“) ∼ weiblich („die Linie“) □ sächlich („das Quadrat“)

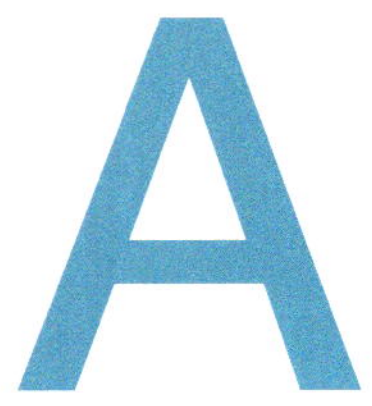

Suche zu jedem Wort das Bild!

1 ○ Affe
2 ○ Altar
3 ∼ Ameise
4 ∼ Ampel
5 ∼ Amsel
6 ∼ Ananas
7 ∼ Angel
8 ○ Anker
9 ○ Anorak
10 ∼ Antenne
11 ○ Anzug
12 ○ Apfel

13

9

18

21

5

6
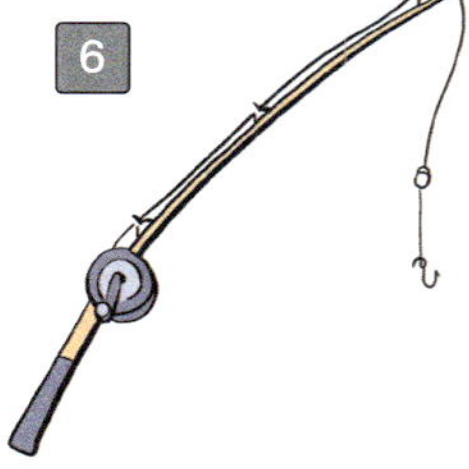

22

14

17

2

1

10
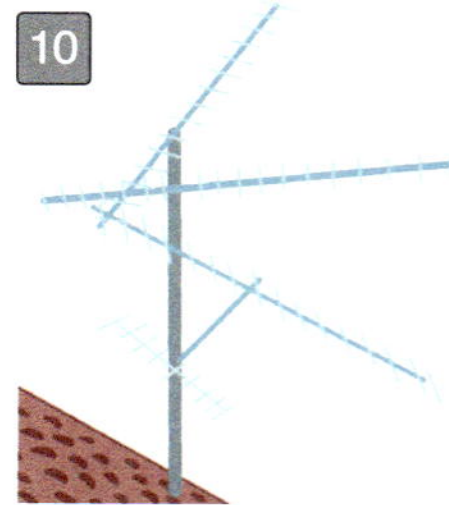

13 ∼ Apfelsine
14 □ Aquarium
15 ○ Arm
16 ○ Artist
17 ∼ Arznei
18 ○ Arzt
19 □ Ass
20 ∼ Asche
21 ○ Ast
22 ○ Astronaut
23 ○ Atlas
24 □ Auge

12

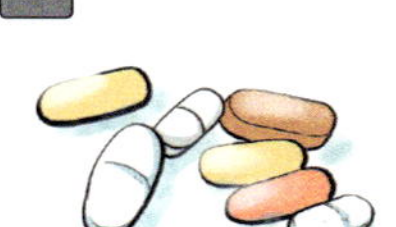

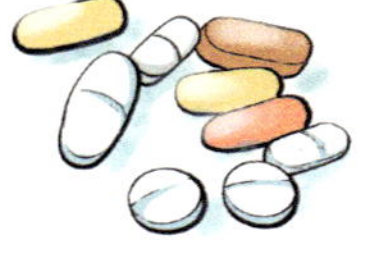

20

19

11

4

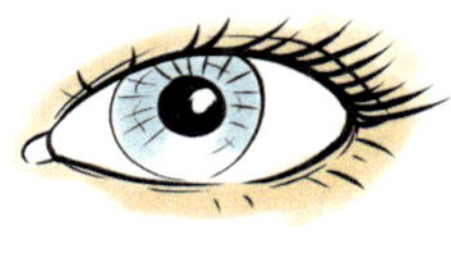

7

24

16

15

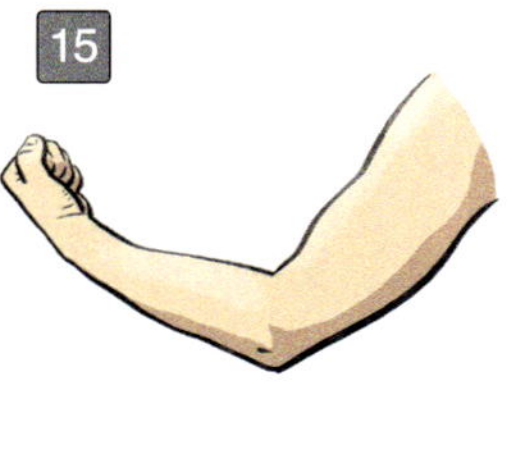

23

3

8

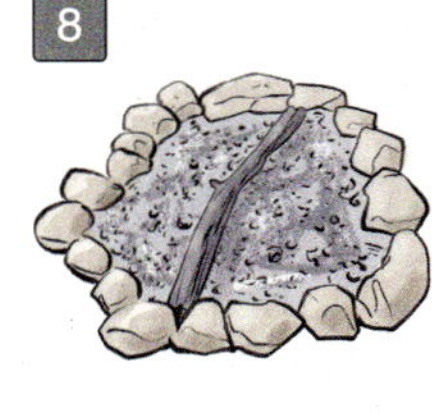

Ein Wort passt genau zum Bild – welches?

1

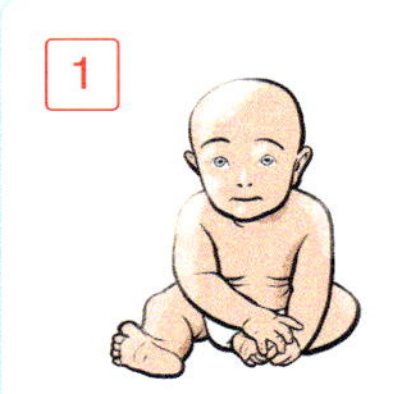

- Bach 5
- Baby 12
- Bad 11

2

- Bahn 19
- Bahre 6
- Bäcker 4

3

- Ballett 3
- Bagger 7
- Bahnsteig 9

4

- Balken 11
- Ballon 8
- Bruder 15

5

- Bank 20
- Bar 7
- Balkon 19

6

- Barren 6
- Ball 3
- Baracke 24

7

- Band 16
- Basar 1
- Banane 15

8

- Batterie 3
- Bandit 23
- Bauch 5

9

- Bäuerin 9
- Bayern 5
- Bär 8

10

- Becher 4
- Becken 1
- Bart 20

11

- Beere 6
- Bauer 24
- Beet 2

12

- Behälter 22
- Beifall 10
- Baum 16

13

Beispiel 2
Belgien 12
Beil 5

14

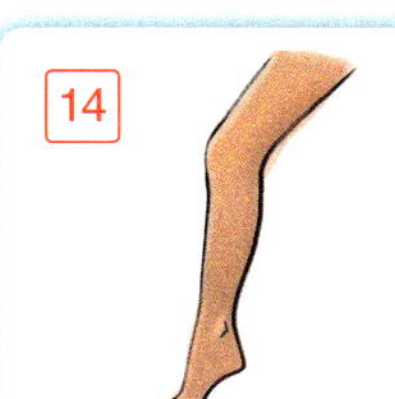

Bein 9
Benzin 21
Bericht 19

15

Beruf 11
Berg 1
Besen 18

16

Beton 14
Bett 6
Beute 16

17

Binde 17
Birke 10
Blume 22

18

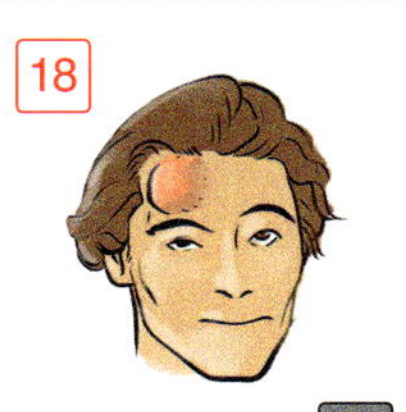

Beule 2
Bier 17
Bischof 13

19

Bitte 18
Beutel 21
Biss 13

20

Blase 12
Blech 15
Buch 18

21

Biene 14
Bleistift 15
Blinker 22

22

Bild 10
Blitz 14
Blume 18

23

Bluse 1
Birne 17
Blut 21

24

Bock 10
Bohrer 20
Blatt 13

Schwierige Wörter mit C.
Welches Wort steht nur einmal in der Zeile?

1	Computer 19	Café 16	China 5	Computer 7	China 8
2	Cremedose 17	Cousin 4	Cremedose 9	Camping 24	Cousin 15
3	Charakter 20	Chinese 14	Charakter 7	Chinese 1	Caravan 19
4	Comic 23	Cello 15	Cockpit 2	Comic 6	Cockpit 10
5	Charakter 7	Chemie 1	Christus 3	Chemie 13	Christus 8
6	Caravan 6	Christkind 9	Chef 23	Caravan 11	Christkind 3
7	Couch 19	Cowboy 21	Couch 15	Cowboy 20	Chemie 11
8	Cello 8	China 3	Christ 11	Cello 12	Christ 1
9	Clown 22	Chinese 20	Creme 5	Clown 7	Creme 4
10	Cola 10	City 12	Cola 3	Chor 8	City 16
11	Christ 4	Café 24	Camping 21	Café 12	Camping 23
12	Chor 18	Chef 17	Chor 2	Chef 4	Christkind 12

13	Creme 13	Cowboy 5	Creme 22	Cowboy 24	Christus 21
14	Cousin 6	City 17	Cremedose 9	Cousin 1	Cremedose 12
15	Couch 14	Computer 6	Clown 13	Couch 9	Computer 4
16	Comic 19	Cola 5	Comic 17	Cockpit 22	Cola 8
17	City 23	Christus 16	Cola 6	Christus 10	City 5
18	Comic 14	Clown 2	Christkind 22	Clown 8	Christkind 13
19	Cockpit 21	Christ 11	Cockpit 4	Christ 18	Computer 5
20	Chinese 9	Chor 15	Couch 10	Chor 20	Chinese 3
21	China 11	Chemie 18	China 1	Cousin 2	Chemie 14
22	Charakter 2	Cowboy 18	Chef 7	Charakter 10	Chef 6
23	Caravan 2	Cello 1	Caravan 12	Cello 16	Creme 9
24	Café 10	Cremedose 1	Camping 24	Café 7	Camping 3

Stimmen Wort und Bild überein?

Entscheide dich, ob ja ☺ oder nein ☹!

1 Dach

☺ 4 ☹ 23

2 Dackel

☺ 13 ☹ 14

3 Dame

☺ 19 ☹ 18

4 Damm

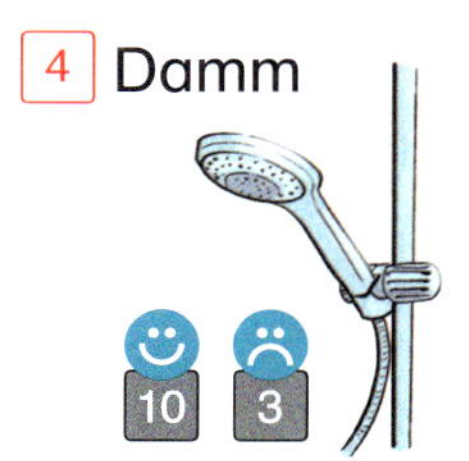

☺ 10 ☹ 3

5 Dampf

☺ 17 ☹ 23

6 Dampfer

☺ 14 ☹ 24

7 Darm

☺ 9 ☹ 19

8 Daumen

☺ 10 ☹ 20

9 Deck

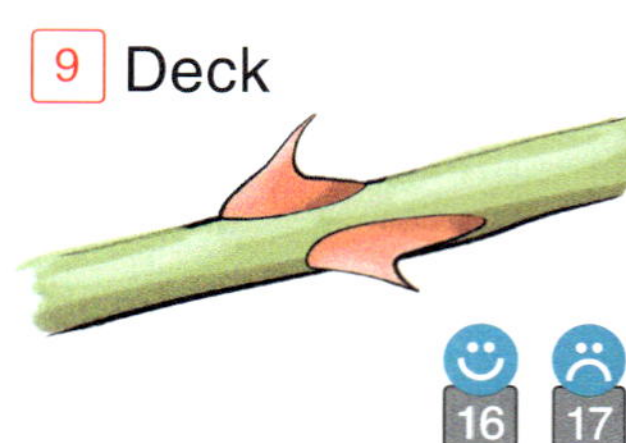

☺ 16 ☹ 17

10 Decke

☺ 24 ☹ 1

11 Deich

☺ 5 ☹ 9

12 Denkmal

☺ 20 ☹ 15

13 Diener

14 Docht

15 Dolch

16 Dom

17 Donner

18 Dorf

19 Dorn

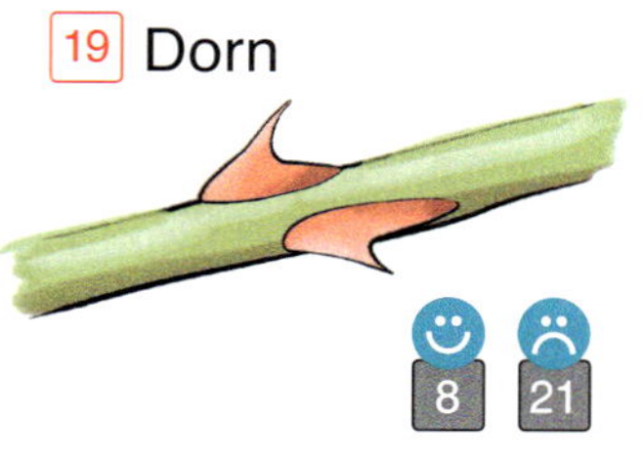

20 Dose

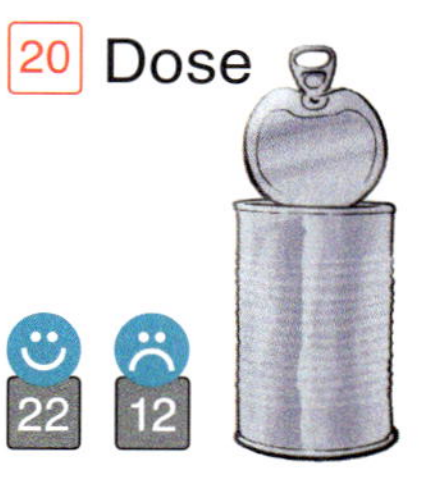

21 Dotter

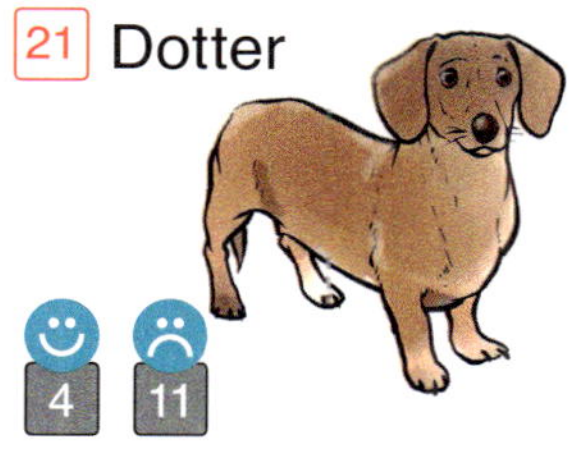

22 Drachen

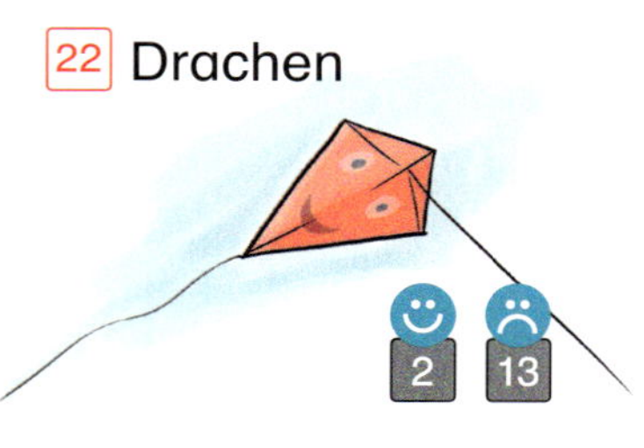

23 Draht

24 Dusche

Ein Wort – zwei Bilder.
Ordne richtig zu!

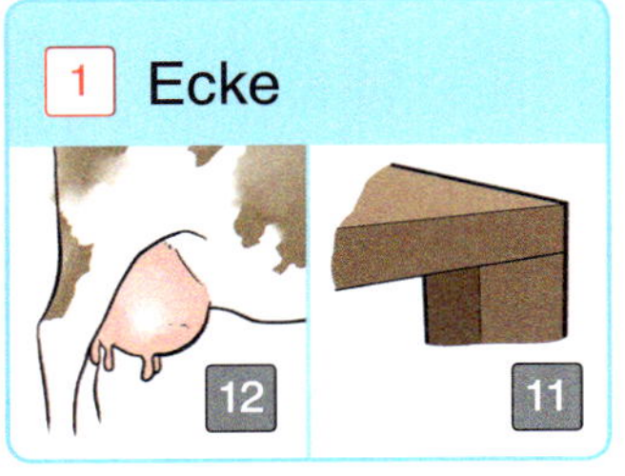

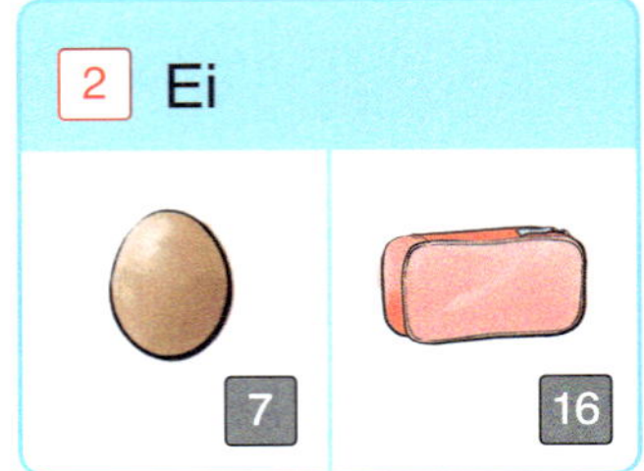

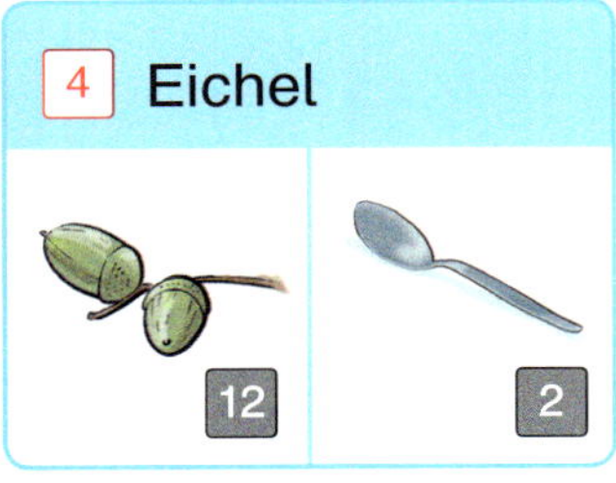

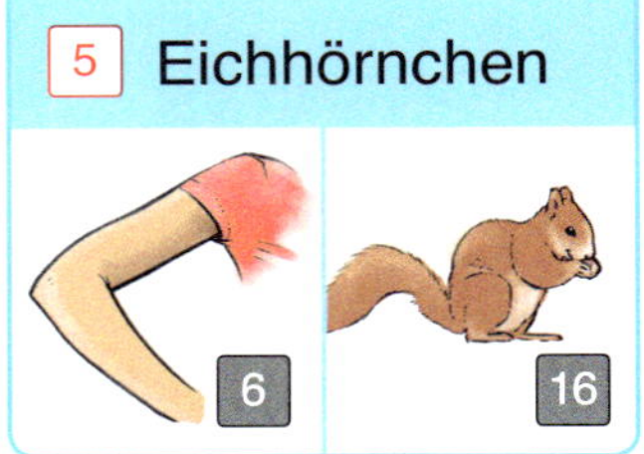

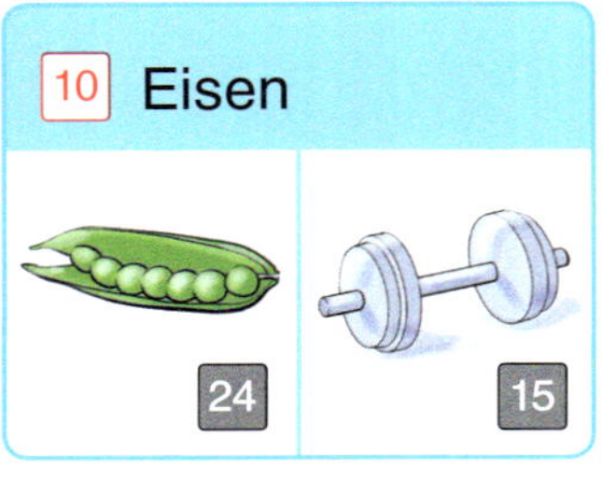

Ee

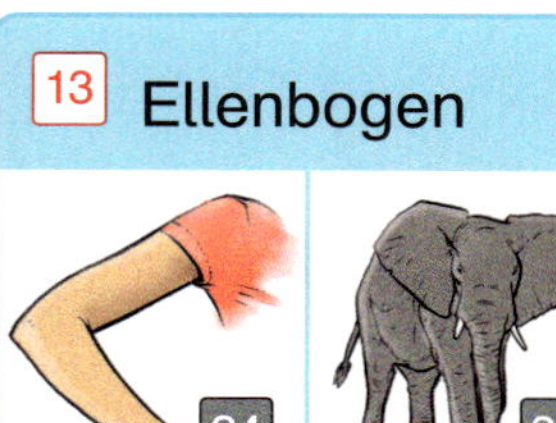
13 Ellenbogen
24
23

14 Eltern
20
13

15 Engel
9
10

16 Ente
23
14

17 Erbse
17
13

18 Esel
3
9

19 Eskimo
14
18

20 Essig
18
17

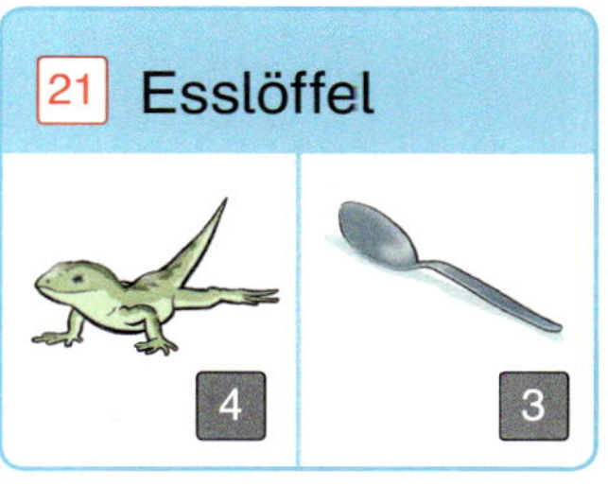
21 Esslöffel
4
3

22 Etui
11
19

23 Eule
7
18

24 Euter
4
16

Finde das Wort zum Bild!

1 
- Faust 14
- Fabrik 7
- Finger 6
- Fuß 12

2 
- Füller 20
- Fackel 9
- Feder 4
- Fisch 1

3 
- Fahne 12
- Fell 23
- Feder 9
- Fuchs 17

4 
- Frau 21
- Fliege 10
- Ferkel 8
- Fahrrad 20

5 
- Floh 14
- Farbe 17
- Feuer 13
- Foto 4

6 
- Fass 10
- Förster 20
- Flöte 7
- Film 1

7 
- Förster 24
- Faust 4
- Fabrik 23
- Flöte 19

8 
- Fackel 18
- Foto 12
- Floh 6
- Feder 1

9 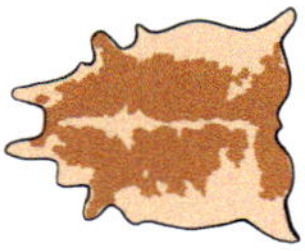
- Frau 2
- Fahne 14
- Fell 23
- Fliege 11

10 
- Flasche 22
- Ferkel 6
- Fuchs 17
- Fahrrad 3

11 
- Farbe 16
- Füller 19
- Fisch 5
- Feuer 14

12 
- Film 3
- Fass 22
- Fuß 10
- Finger 15

13

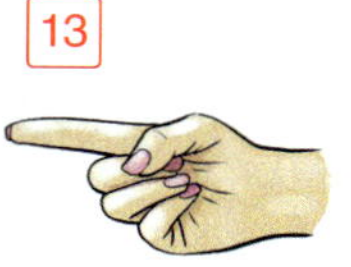

Förster	11
Fabrik	4
Finger	19
Fass	21

14

Foto	5
Fisch	22
Fackel	14
Farbe	8

15

Frau	13
Fahrrad	15
Flasche	11
Fahne	6

16

Fliege	8
Fuchs	15
Fahne	24
Fahrrad	12

17

Farbe	2
Füller	11
Floh	15
Fackel	16

18

Fuß	9
Fass	13
Fabrik	7
Flöte	24

19

Film	10
Finger	5
Faust	24
Förster	16

20

Feder	8
Foto	13
Feuer	3
Förster	21

21

Fell	2
Ferkel	22
Frau	5
Flasche	19

22

Fuchs	21
Fliege	16
Ferkel	23
Fell	18

23

Füller	2
Feuer	7
Feder	18
Floh	20

24

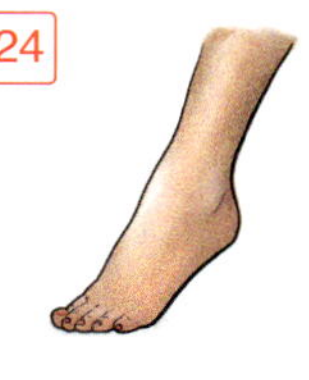

Fuß	18
Film	1
Flöte	9
Faust	17

G

Rund um das G.

Welches Bild gehört zum Wort?

13 Gipfel

14 Giraffe

15 Gitarre

16 Gitter

17 Glas

18 Glatze

19 Globus

20 Glocke

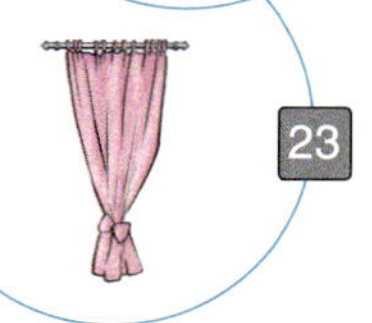

21 Gondel

22 Gorilla

23 Gras

24 Grille

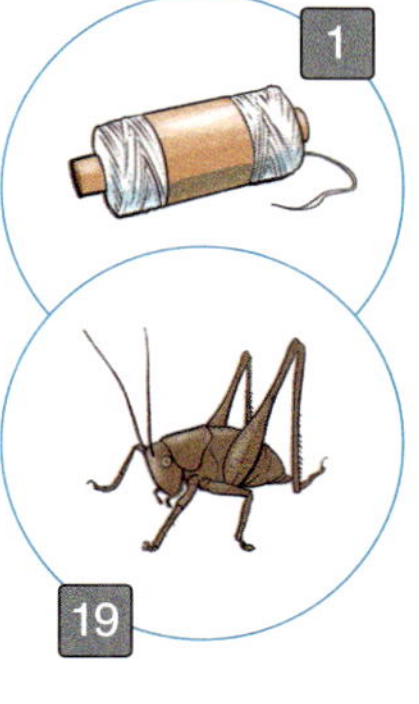

H

Bilder-Lotto.

Suche das Wort zum Bild!

1 Hai
2 Haken
3 Harke
4 Hase
5 Habicht
6 Hamster
7 Hand
8 Heft
9 Hahn
10 Hammer
11 Harpune
12 Haus

Hh

13 Hemd
14 Herz
15 Hund
16 Hupe
17 Helm
18 Hirsch
19 Huhn
20 Hütte
21 Hering
22 Hexe
23 Hobel
24 Hut

15

11

7

16

20

8

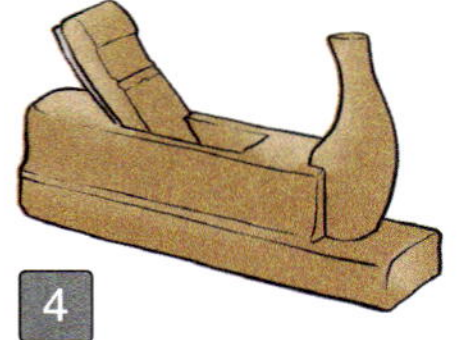

Lauter Mädchennamen.
Welche Farbe hat der Name?

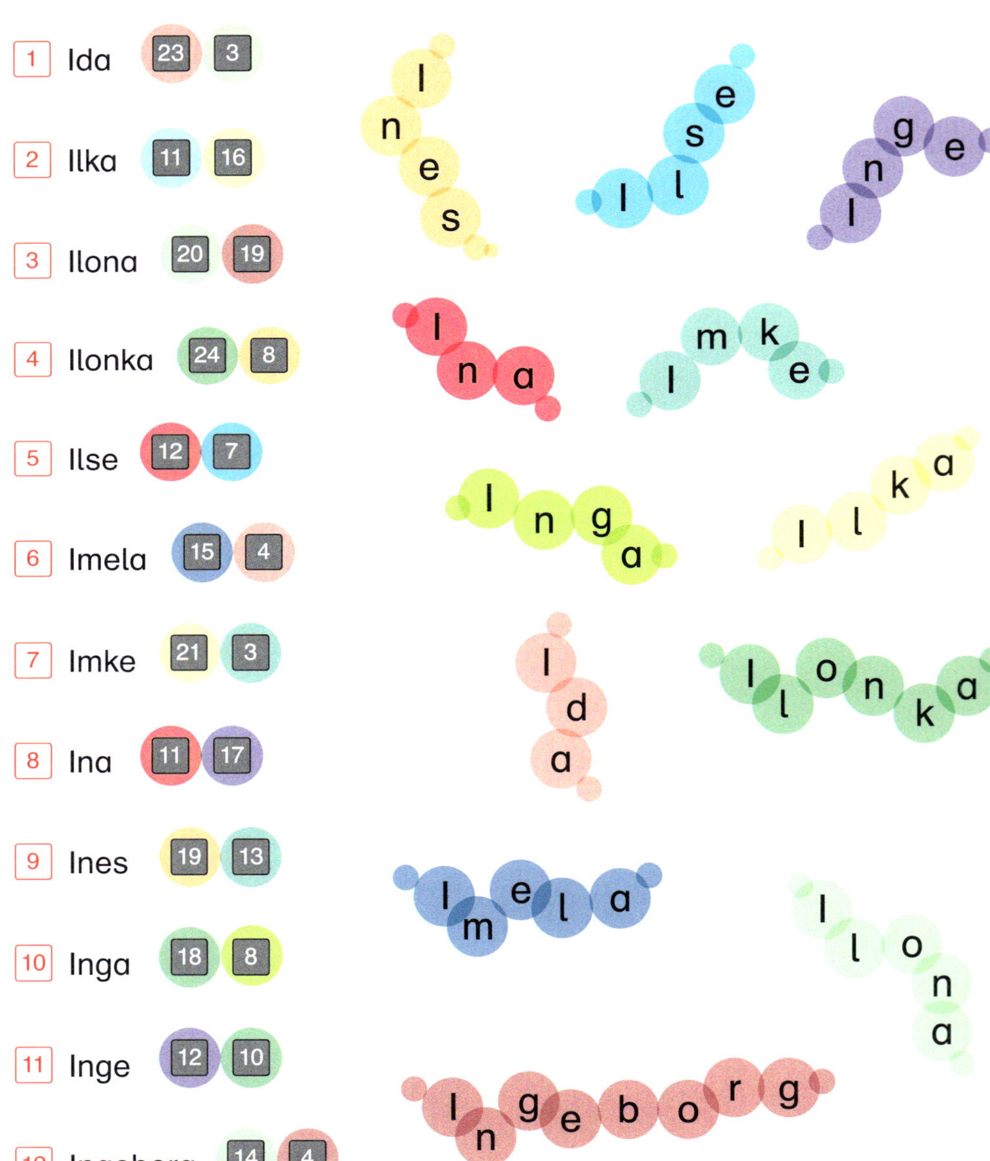

Ii

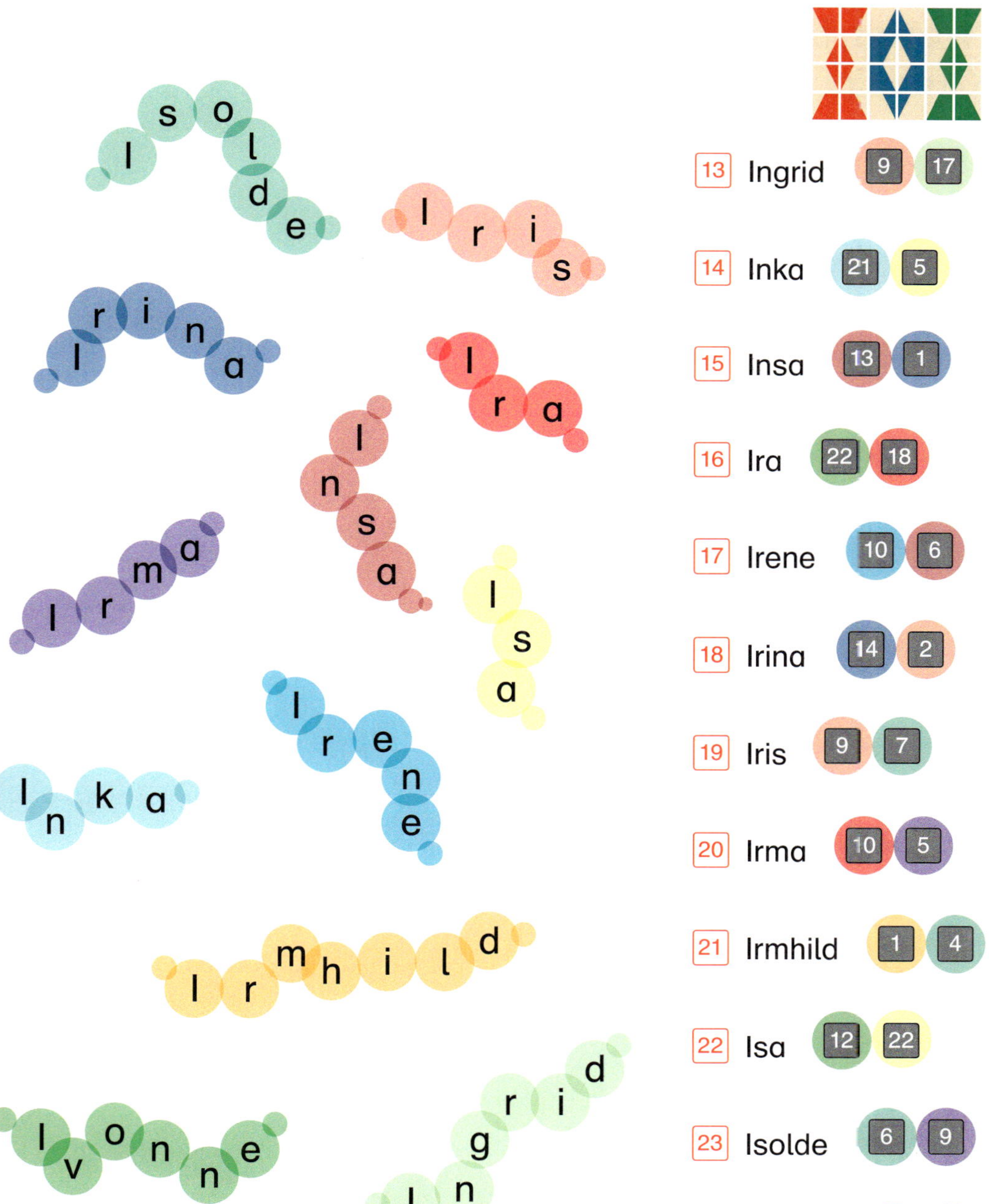

13	Ingrid	9	17
14	Inka	21	5
15	Insa	13	1
16	Ira	22	18
17	Irene	10	6
18	Irina	14	2
19	Iris	9	7
20	Irma	10	5
21	Irmhild	1	4
22	Isa	12	22
23	Isolde	6	9
24	Ivonne	18	2

Wörterräder

Ordne richtig zu!

1: J – e, g, r, ä

2: J – h, u, e, c, a

3: J – g, o, a

4: J – r, a, n, u, a

5: J – r, a, h

6: J – e, a, k, c

7: J – o, r, l, d, e

8: J – z, a, z

9: J – o, d

10: J – a, d, g

11: J – m, r, e, m, a

12: J – e, u, s, s

Jacke 18	Jahr 20	Jauche 17	Jod 13
Jagd 19	Jammer 9	Jazz 10	Jodler 24
Jäger 3	Januar 4	Jesus 23	Joga 14

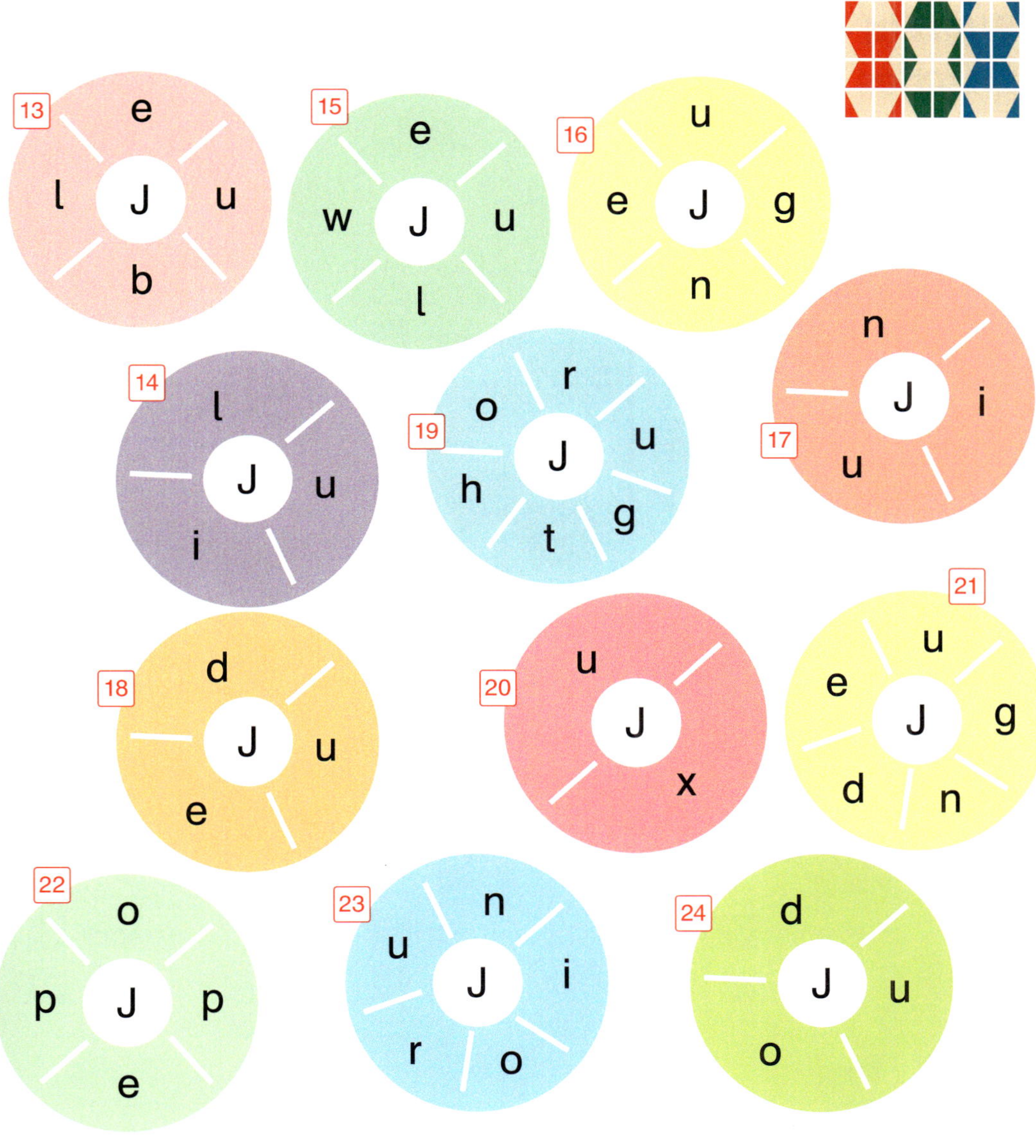

Joghurt 12	Jude 1	Juli 6	Junior 22
Joppe 5	Judo 8	Junge 15	Juwel 2
Jubel 16	Jugend 7	Juni 11	Jux 21

Ein Bild – zwei Wörter.

Welches der beiden Wörter gehört zu der Abbildung?

1

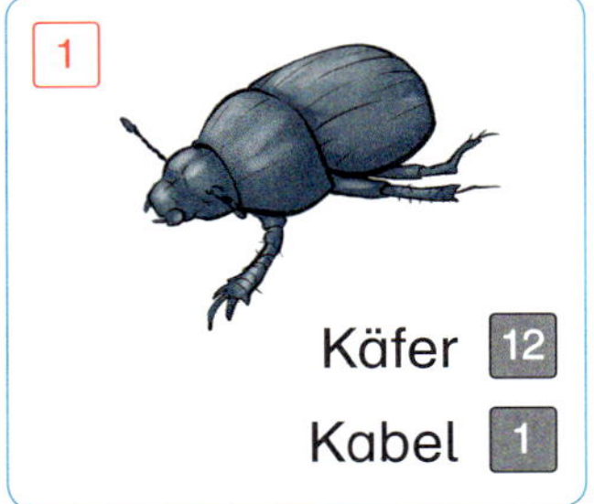

Käfer 12

Kabel 1

2

Kachel 10

Käfig 9

3

Kaktus 7

Kaffee 21

4

Kahn 5

Kamel 11

5

Kakao 8

Kamera 1

6

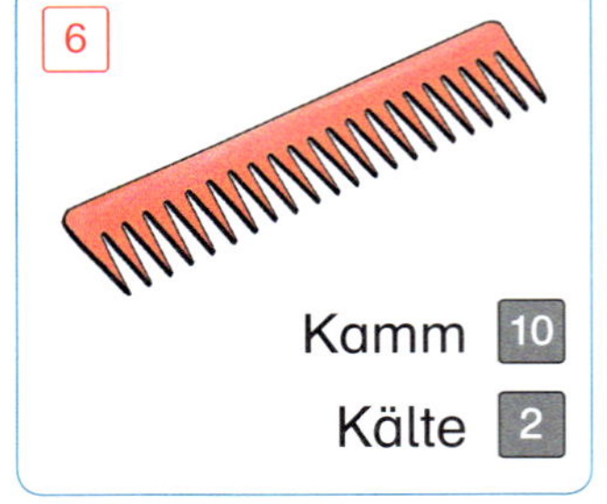

Kamm 10

Kälte 2

7

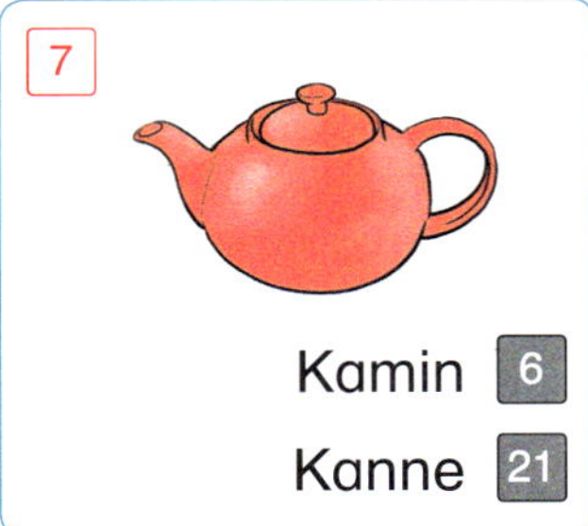

Kamin 6

Kanne 21

8

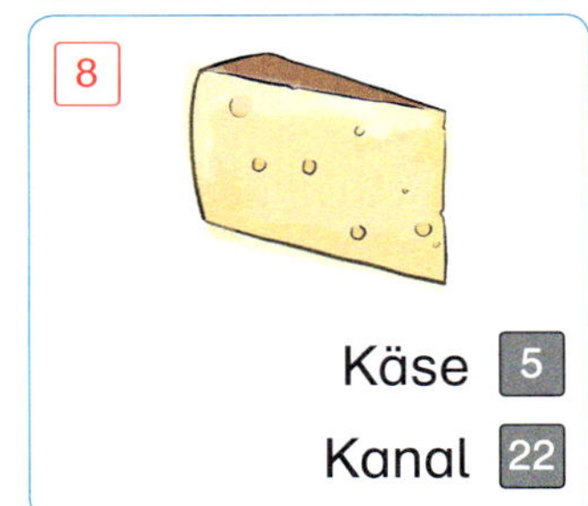

Käse 5

Kanal 22

9

Kasper 8

Kanu 23

10

Kanzel 3

Katze 2

11

Kappe 19

Kegel 6

12

Kerze 22

Keks 24

13

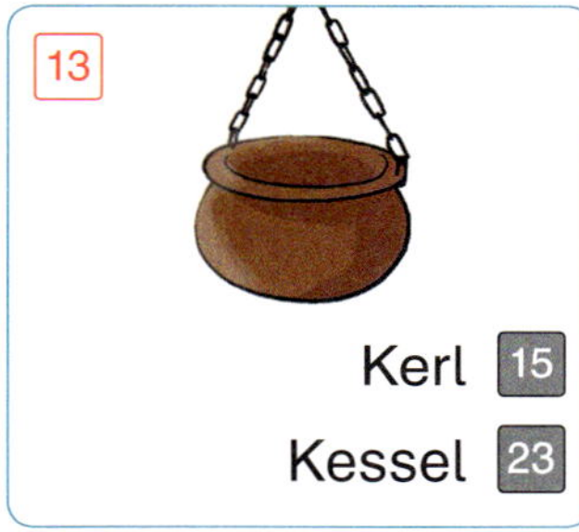

Kerl 15

Kessel 23

14

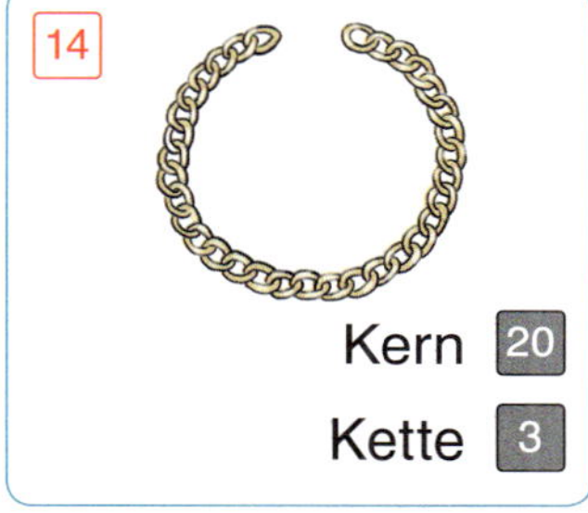

Kern 20

Kette 3

15

Keule 19

Kiefer 16

16

Kind 24

Kino 18

17

Kiosk 14

Kissen 15

18

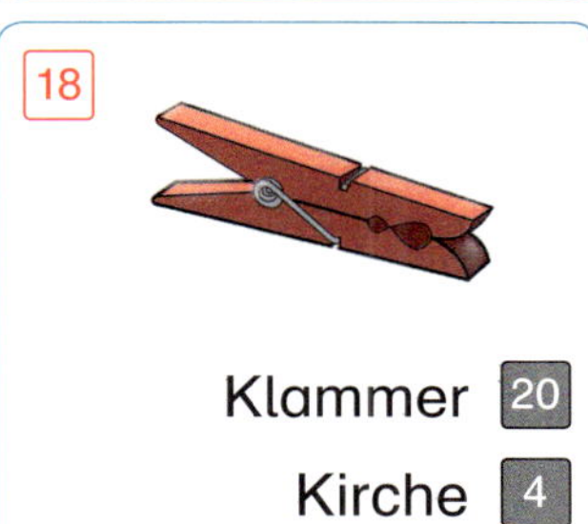

Klammer 20

Kirche 4

19

Kiste 17

Kleid 16

20

Korb 18

Klappe 13

21

Klee 12

Kranz 14

22

Krone 4

Klette 12

23

Klinke 9

Kuh 17

24

Kürbis 13

Knopf 7

Lauter Wörter mit L am Anfang.

Welches Bild gehört zum Wort?

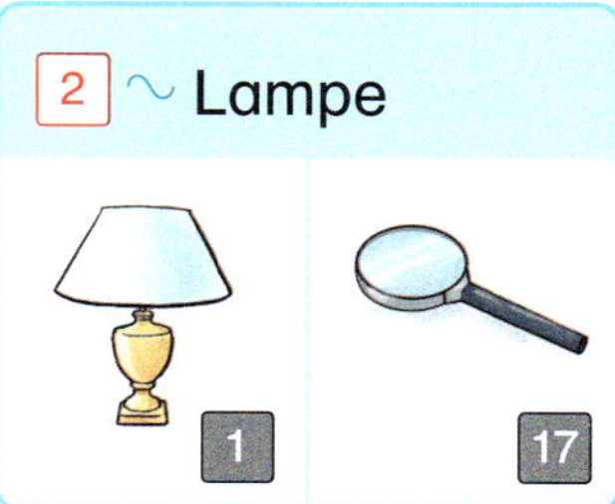

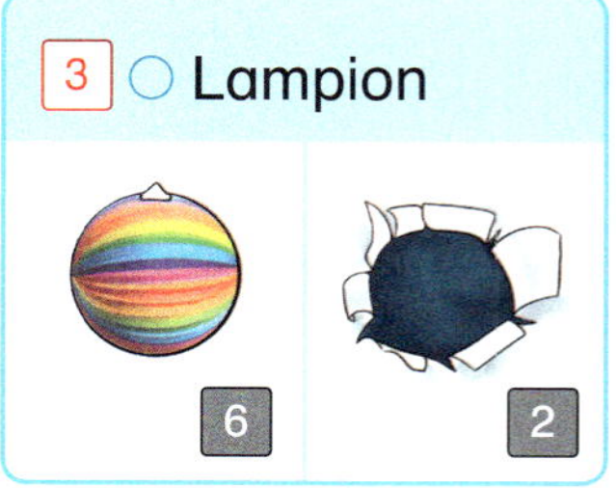

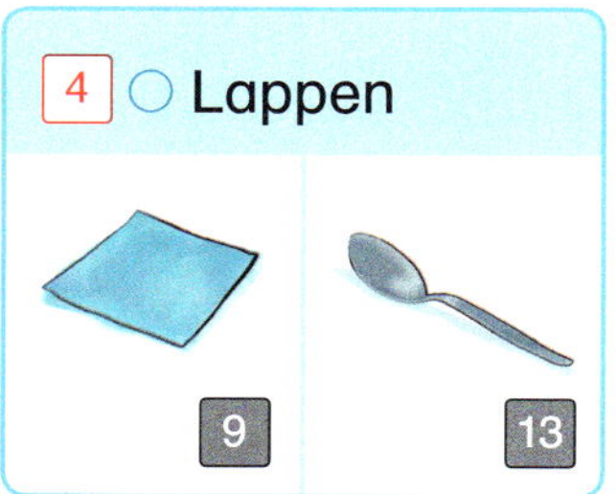

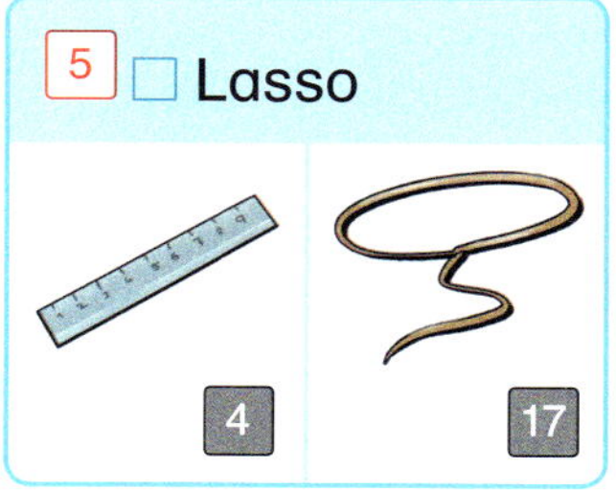

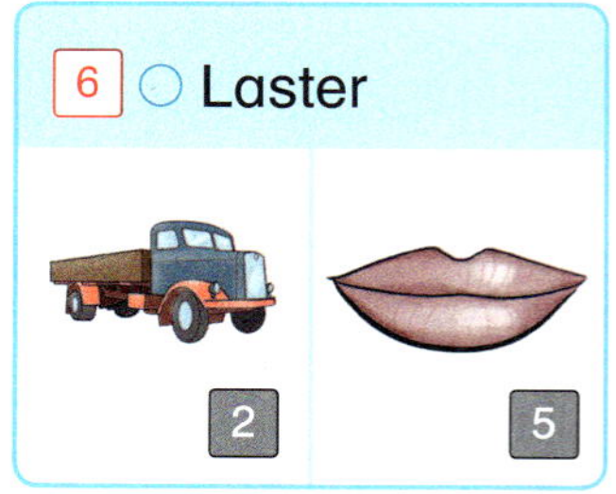

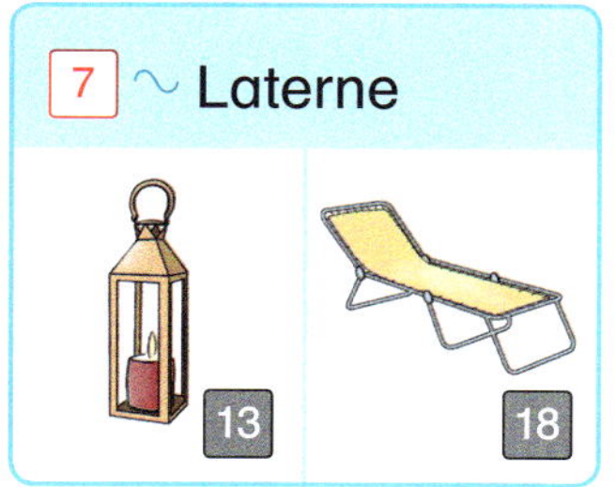

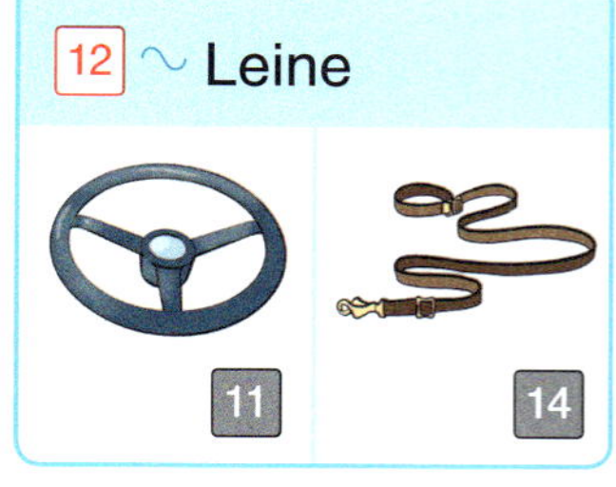

13 ∼ Leiter
22
21

14 □ Lenkrad
7
19

15 ○ Leopard
12
11

16 □ Lexikon
A-Z
21
20

17 ∼ Liege
19
16

18 ∼ Limonade
23
12

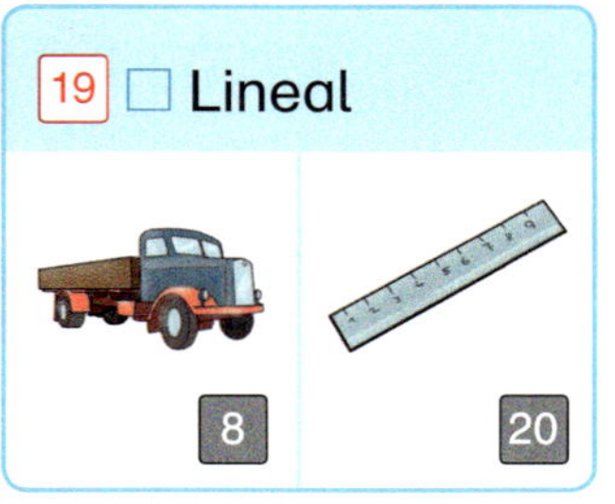
19 □ Lineal
8
20

20 ∼ Lippen
15
16

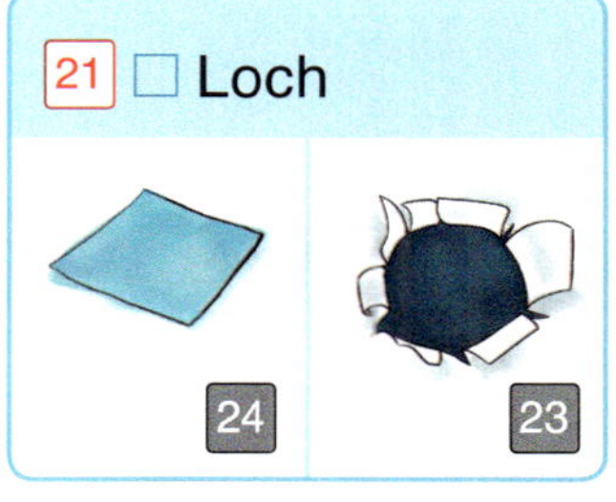
21 □ Loch
24
23

22 ○ Löffel
8
10

23 ○ Löwe
15
1

24 ∼ Lupe
6
24

Welches Wort passt am besten zum Bild?

1

Macht 17
Mädchen 14
Made 21

2

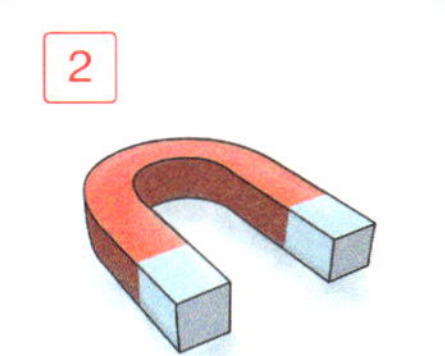

Magnet 18
Magen 13
Mahl 22

3

Mai 24
Mama 9
Mais 21

4

Mandel 17
Maler 13
Manege 19

5

Mann 9
Mappe 23
Märchen 5

6

Mark 13
Marke 1
Mantel 17

7

Mars 22
Maske 5
März 20

8

Masern 15
Matrose 1
Matsch 10

9

Matte 2
Maul 16
Mauer 22

10

Meer 21
Maus 10
Mehl 6

11

Meise 2
Meißel 19
Meister 14

12

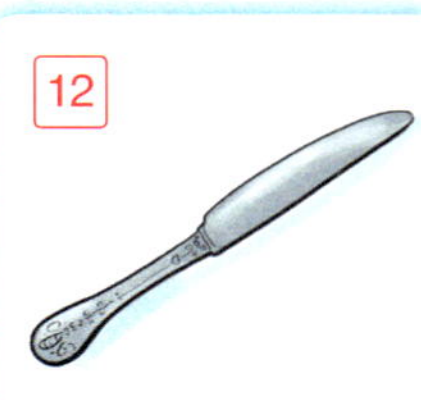

Melone 23
Mensch 18
Messer 6

13

Meter	15
Metall	6
Milch	19

14

Miene	20
Mixer	23
Miete	4

15

Mine	5
Minute	12
Möbel	15

16

Möhre	20
Mist	3
Mittag	16

17

Mitte	7
Mönch	12
Mittel	11

18

Mond	16
Mode	8
Modell	10

19

Mohn	4
Mohrrübe	12
Moped	11

20

Molch	2
Möwe	8
Monat	24

21

Mücke	4
Moor	8
Moos	7

22

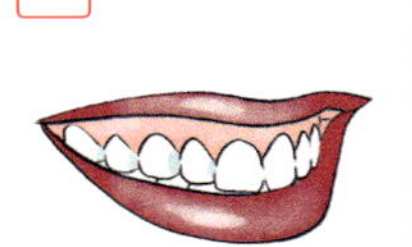

Moped	3
Mund	24
Mops	9

23

Morgen	11
Muschel	7
Motor	14

24

Musik	18
Mut	1
Mütze	3

Der Reihe nach von A bis M.

Ordne die richtige Abbildung zu!

1	~ Ameise	 16	 13	 1
2	~ Angel	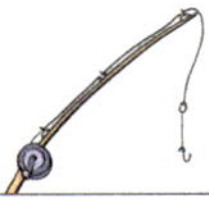 5	 10	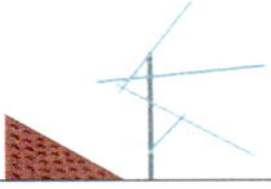 2
3	○ Bagger	 21	 8	 16
4	○ Baum	 12	 2	 18
5	○ Computer	 21	 11	 2
6	□ Dach	 18	 19	 9
7	○ Daumen	 15	 11	 7
8	○ Eimer	 22	 3	 19
9	○ Esel	 15	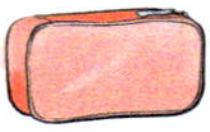 8	 6
10	~ Fackel	 4	 22	 24
11	~ Fahne	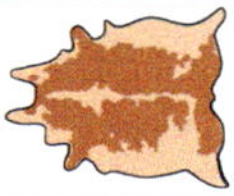 1	 11	 8
12	~ Feder	 24	 17	 5

Nr.		Wort			
13	∼	Gabel	1	18	3
14	∼	Gitarre	20	14	17
15	○	Hirsch	23	3	13
16	∼	Hexe	4	22	14
17	○	Igel	24	23	12
18	∼	Jacke	23	7	4
19	○	Kaktus	12	14	9
20	○	Kasper	17	6	7
21	∼	Lampe	20	9	19
22	∼	Leiter	6	15	10
23	○	Magnet	21	13	20
24	∼	Maus	16	10	5

Bunte Wörtermischung.

Gesucht: das Wort zum Bild!

1 ∼ Hand
2 ○ Engel
3 ○ Anker
4 ∼ Decke
5 □ Fass
6 ∼ Fliege
7 ○ Eskimo
8 ∼ Giraffe
9 ○ Löwe
10 □ Bein
11 □ Blatt
12 □ Kissen

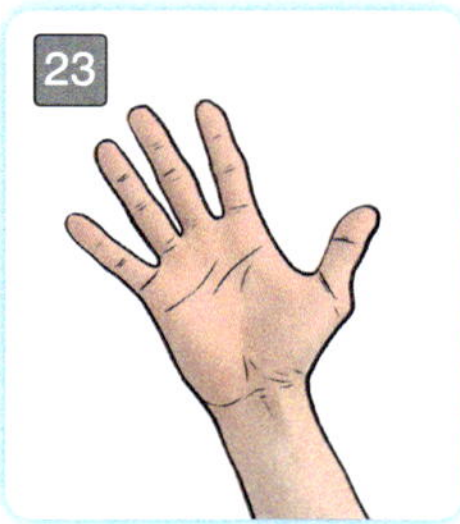

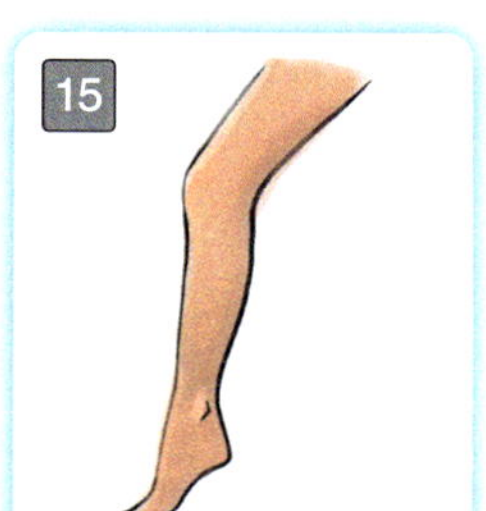

13 ∼ Birne
14 ○ Füller
15 ○ Clown
16 □ Euter
17 ○ Mönch
18 ○ Drachen
19 ○ Mais
20 ∼ Geige
21 □ Auge
22 ○ Altar
23 ∼ Kanne
24 ○ Hase

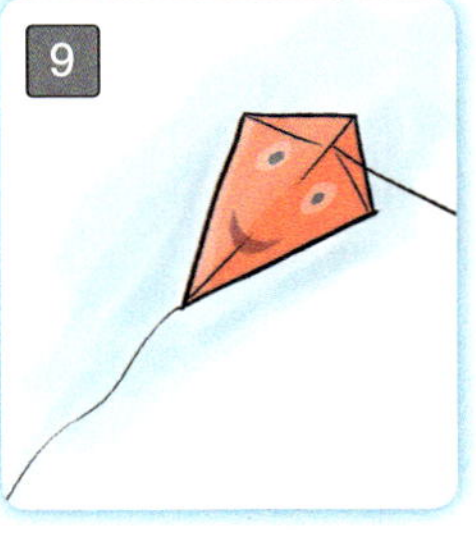

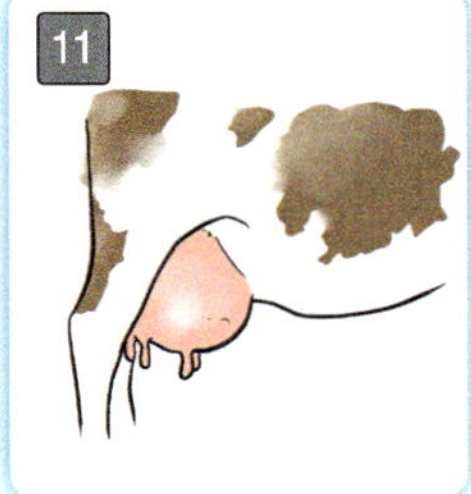

Passen Wort und Bild zusammen?

Prüfe genau, ob ja ☺ oder nein ☹?

1 Nacht

☺ 17 ☹ 21

2 Nadel

☺ 20 ☹ 19

3 Nagel

☺ 23 ☹ 13

4 Napf

☺ 15 ☹ 22

5 Narbe

☺ 24 ☹ 17

6 Nase

☺ 19 ☹ 18

7 Natur

☺ 16 ☹ 13

8 Nebel

☺ 14 ☹ 15

9 Nektar

☺ 9 ☹ 24

10 Nelke

☺ 18 ☹ 7

11 Nest

☺ 16 ☹ 11

12 Netz

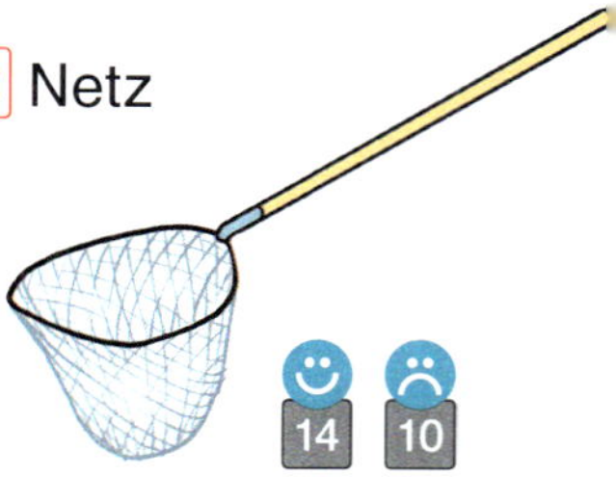

☺ 14 ☹ 10

13 Nichte

14 Niere

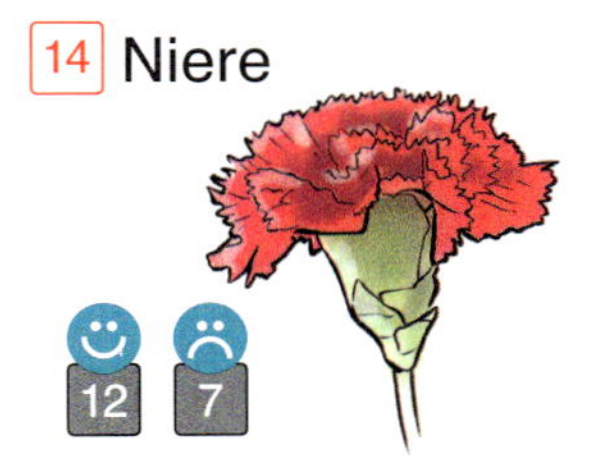

15 Niete

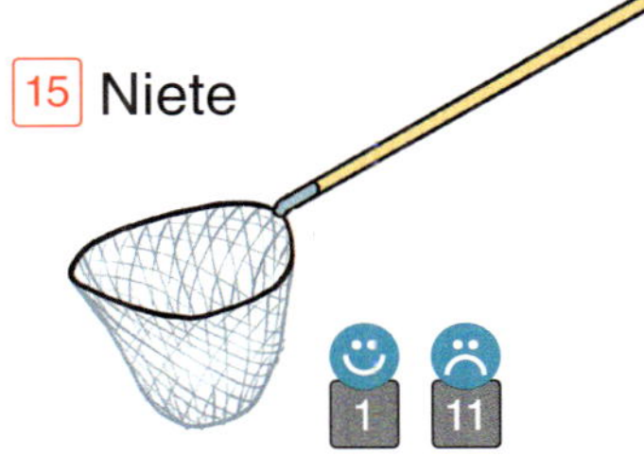

16 Nikolaus

17 Nilpferd

18 Nonne

19 Norden

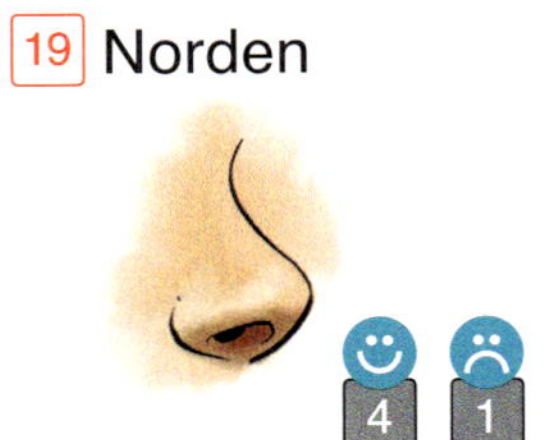

20 Not

21 Noten

22 Nudeln

23 Nummer

24 Nuss

Wörterräder.

- 1: O – t, b, s
- 3: O – r, h
- 4: O – r, b, e
- 10: O – t, o, k, e, b, r
- 7: O – t, a, e, k, v
- 5: O – i, e, d, a, m, p, y, l
- 6: O – t, h, a, b, c
- 8: O – f, e, n
- 2: O – o, s, k, t, u, p
- 9: O – a, n, m, h, c, h, t
- 11: O – u, i, m, n, s, b
- 12: O – e, h, s, c

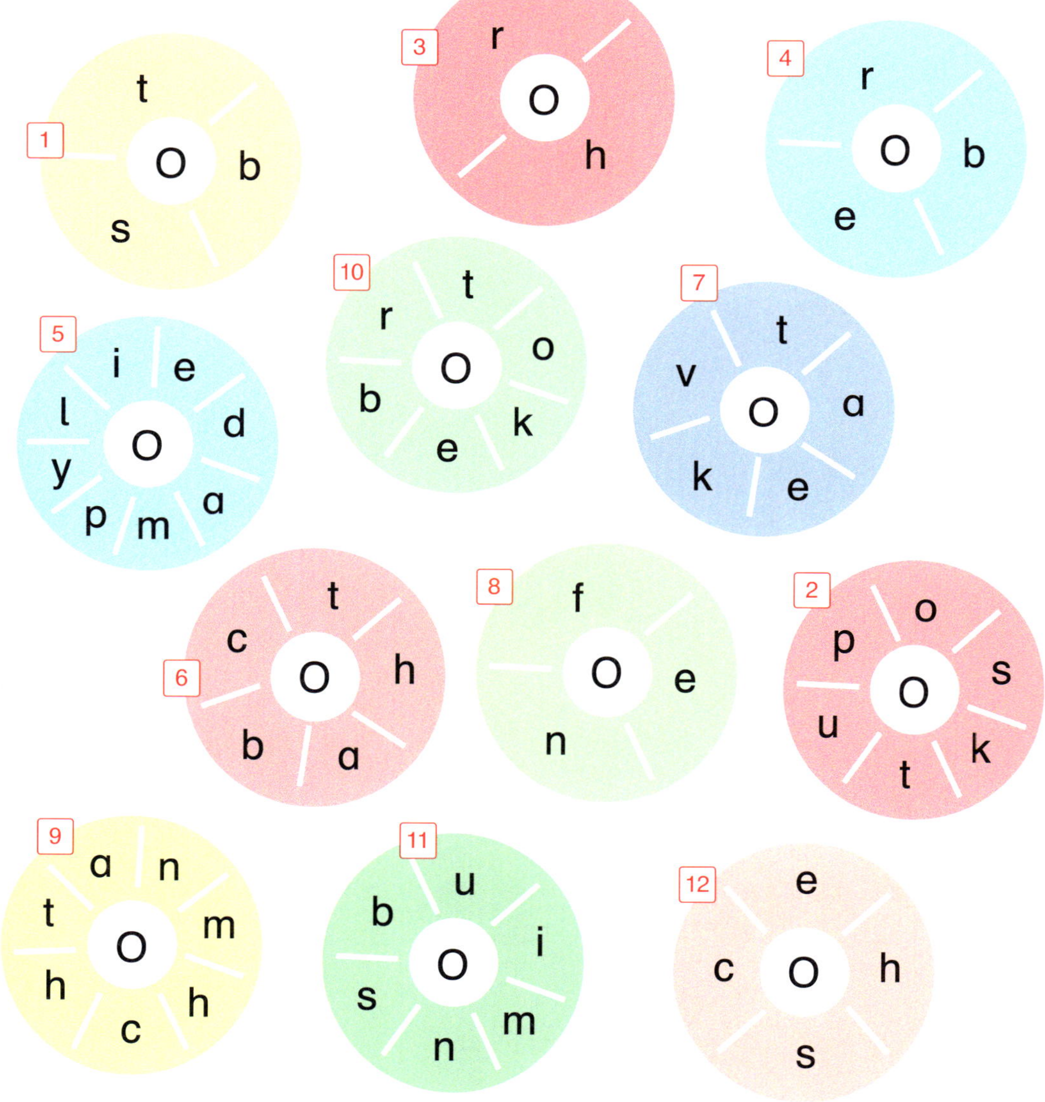

Obacht 6	Ochse 12	Ohr 2	Oktave 11
Ober 4	Ofen 15	Oktober 8	Olympiade 7
Obst 3	Ohnmacht 1	Oktopus 5	Omnibus 16

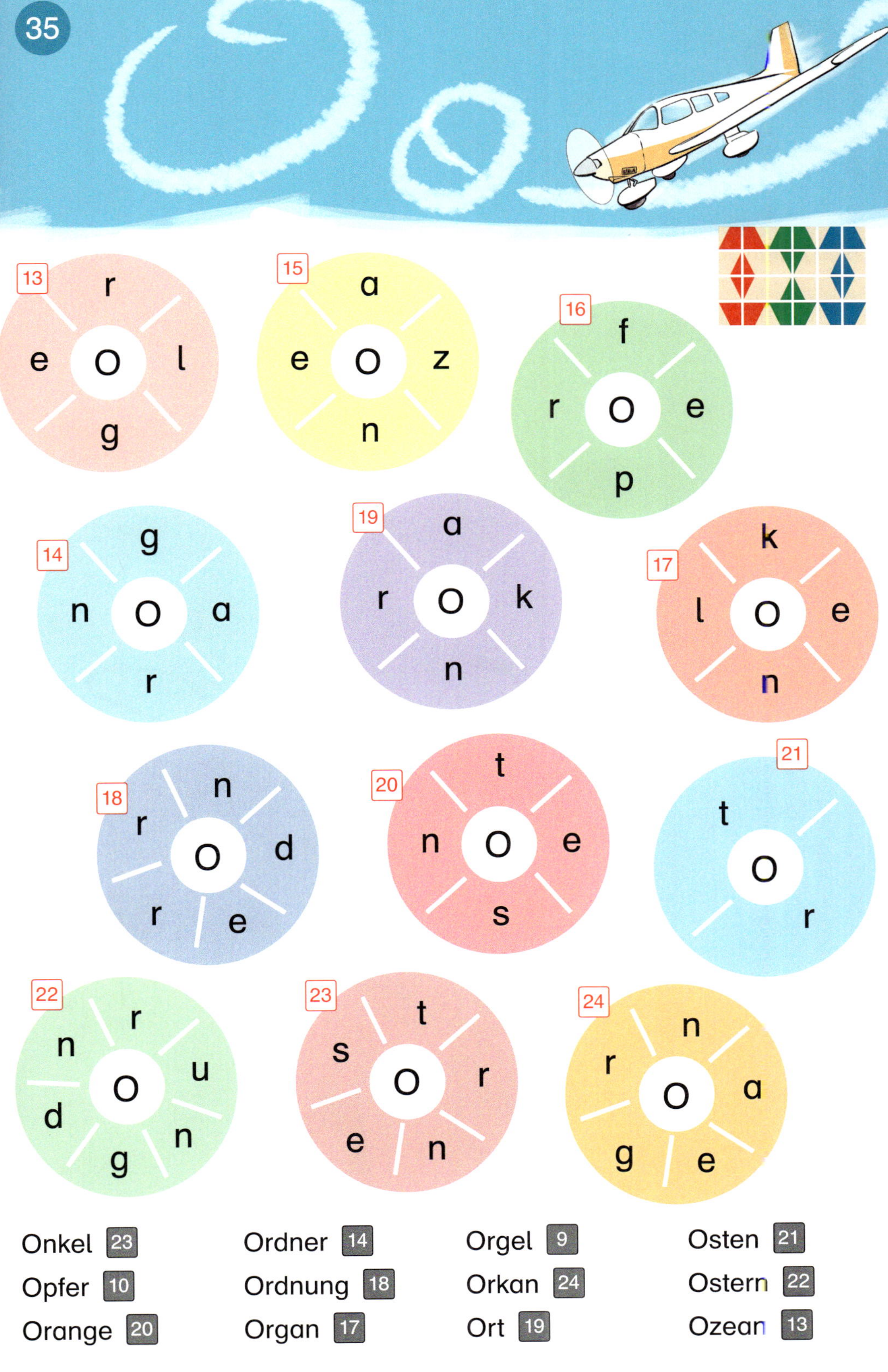

Onkel 23 | Ordner 14 | Orgel 9 | Osten 21
Opfer 10 | Ordnung 18 | Orkan 24 | Ostern 22
Orange 20 | Organ 17 | Ort 19 | Ozean 13

Suche das Bild zum Wort!

1 Paddel
2 Paket
3 Palme
4 Pantoffel
5 Papagei
6 Pauke
7 Pedal
8 Peitsche
9 Perücke
10 Pfanne
11 Pfau
12 Pfeife

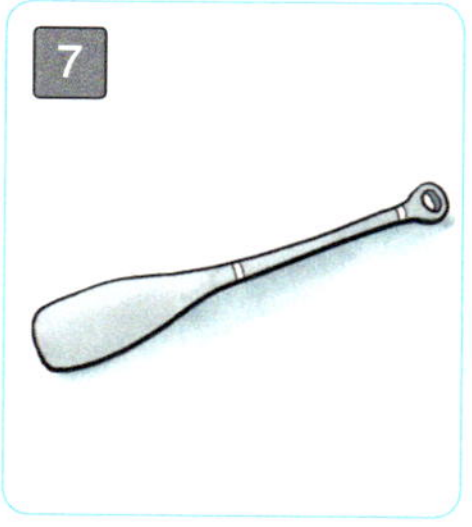

13 Pfeil
14 Pferd
15 Pflaume
16 Pflug
17 Pfote
18 Pilz
19 Pinsel
20 Pokal
21 Pudel
22 Pullover
23 Puppe
24 Pyramide

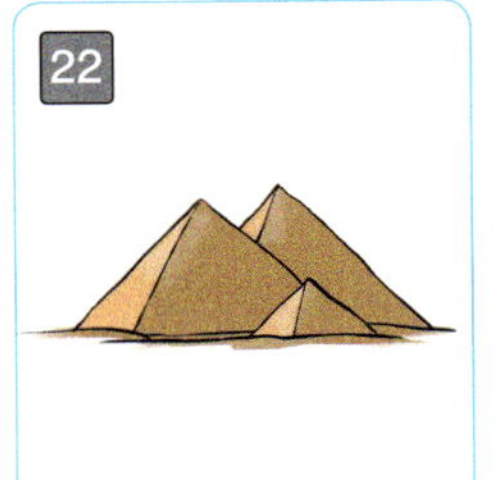

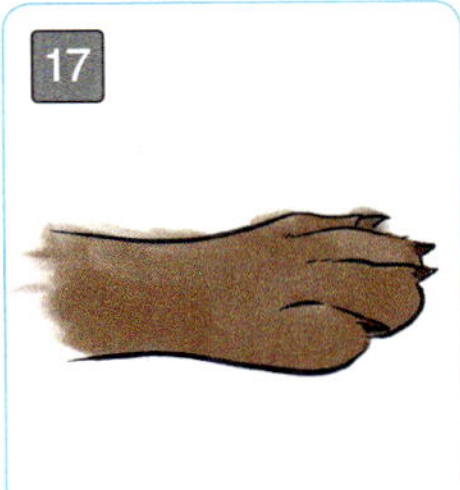

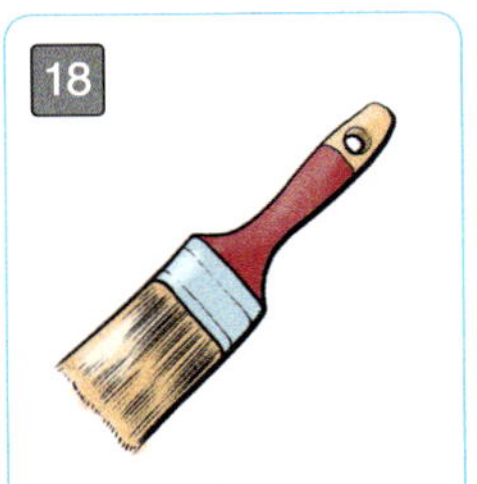

Welche Farbe hat das Wort?
Du hast zwei Farben zur Auswahl.

1 Quadrat 16 15

2 quadratisch 17 13

3 quaken 14 24

4 Qual 3 16

5 quälen 13 19

6 Qualm 2 24

7 qualmen 4 5

8 Quark 18 3

9 Quartett 19 21

10 Quartier 23 2

11 quasseln 7 4

12 Quatsch 22 18

Quark

quaken

qualmen

Quadrat

quasseln

quälen

Quartier

Qualm

Qual

quadratisch

Quatsch

Quartett

quer

Quetschung

quitt

Quelle

Quecksilber

querfeldein

quietschen

Quiz

quetschen

quellen

quieken

quatschen

13	quatschen	11	21
14	Quecksilber	20	23
15	Quelle	7	6
16	quellen	22	18
17	quer	1	11
18	querfeldein	20	12
19	quetschen	6	10
20	Quetschung	9	8
21	quieken	16	1
22	quietschen	12	17
23	quitt	14	10
24	Quiz	8	16

Ein Bild – drei Wörter.
Ordne richtig zu!

1

Rache 18
Rachen 7
Rabe 3

2

Rahm 16
Rad 1
Rahmen 12

3

Rand 8
Radio 18
Rang 23

4
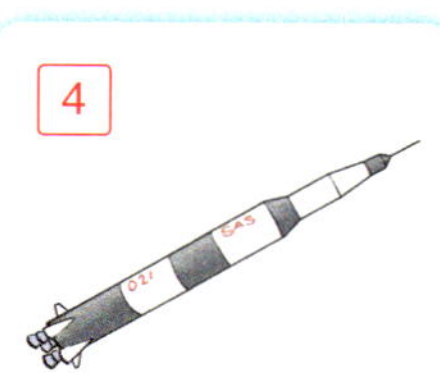

Rasen 14
Rasse 9
Rakete 16

5

Rast 19
Ranzen 23
Rat 10

6

Rassel 14
Rate 21
Rätsel 2

7

Raub 5
Raum 11
Ratte 19

8

Rausch 1
Räuber 21
Rebe 12

9

Rechen 4
Rauch 5
Recht 10

10

Reck 8
Rede 3
Raupe 12

11

Regal 10
Regel 15
Reif 5

12

Reihe 13
Regen 8
Reim 6

13

Reis 21
Reh 15
Reise 17

14

Rad 4
Reiz 14
Reifen 13

15

Reiter 17
Rente 7
Rest 20

16

Reue 6
Ring 4
Richter 16

17

Riegel 22
Rille 20
Ritter 7

18

Riese 9
Rock 6
Rinde 13

19

Rohr 20
Rippe 11
Riss 17

20

Ritt 2
Ritze 23
Roller 9

21

Roggen 24
Röhre 22
Rose 11

22

Roman 24
Ross 15
Rübe 2

23

Ruder 22
Rost 3
Ruck 18

24

Rudel 1
Ruhe 19
Rute 24

S

Bilder-Lotto.
Wo ist das Wort zum Bild?

Säule 15	Salami 22	Skier 2	Sense 5
Sichel 16	Sessel 21	Seife 8	Säge 7
Seil 1	Sack 11	Sattel 12	Sieb 6

13
16
23
21
18
22
14
24
15
19
17
20
Spaten 9
Storch 20
Sofa 23
Stern 17
Stempel 14
Stuhl 4
Spiegel 24
Strumpf 18
Spinne 13
Sonne 19
Stiefel 3
Spritze 10

T

Finde das Wort, das zur Abbildung gehört!

1

Turm 18
Teller 7
Tafel 9

2

Tanne 7
Telefon 17
Tür 4

3

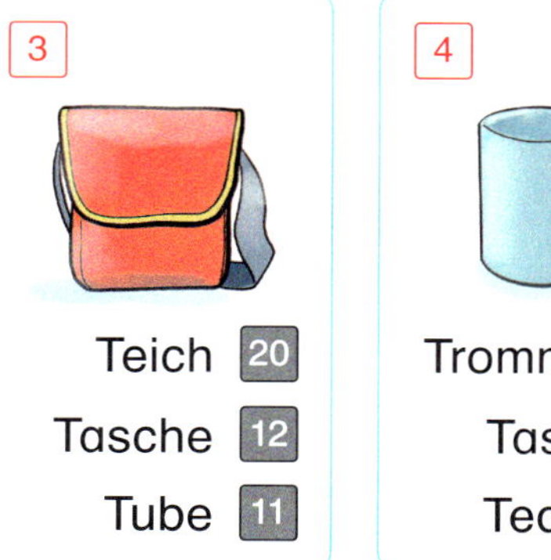

Teich 20
Tasche 12
Tube 11

4

Trommel 1
Tasse 10
Teddy 12

5

Taxi 5
Tatze 17
Treppe 3

6

Taube 20
Taucher 2
Torte 23

7

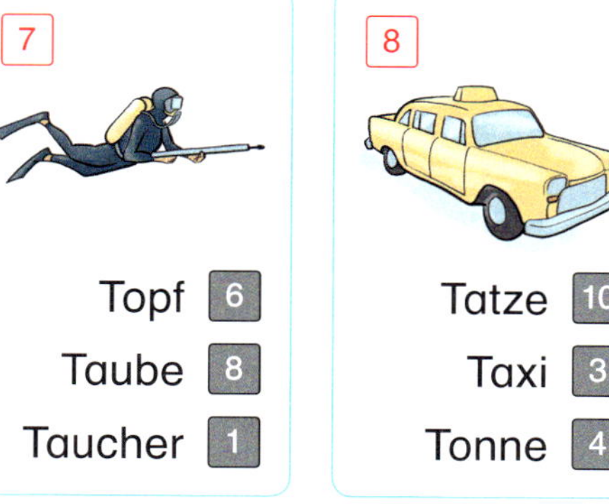

Topf 6
Taube 8
Taucher 1

8

Tatze 10
Taxi 3
Tonne 4

9

Tasse 14
Teddy 23
Tomate 1

10

Teich 6
Tasche 7
Tisch 21

11

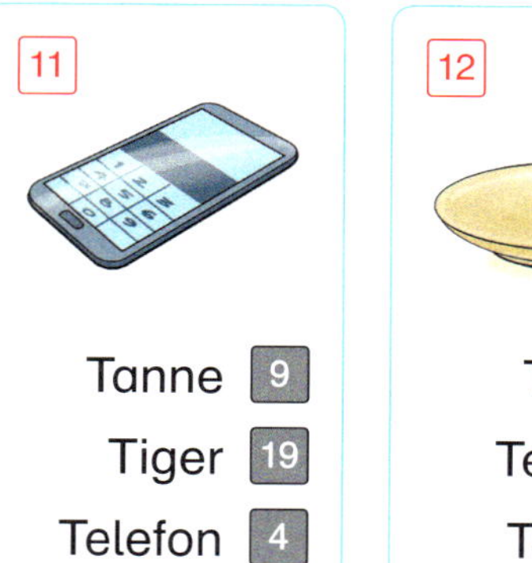

Tanne 9
Tiger 19
Telefon 4

12

Tafel 3
Teufel 11
Teller 14

13

Turm	14
Taube	22
Teufel	21

14

Tür	17
Tiger	19
Taxe	13

15

Tisch	11
Tasse	24
Tube	23

16

Tomate	22
Trommel	24
Tasche	2

17

Treppe	18
Tonne	13
Tanne	15

18

Torte	5
Tafel	15
Topf	24

19

Topf	8
Torte	2
Teller	19

20

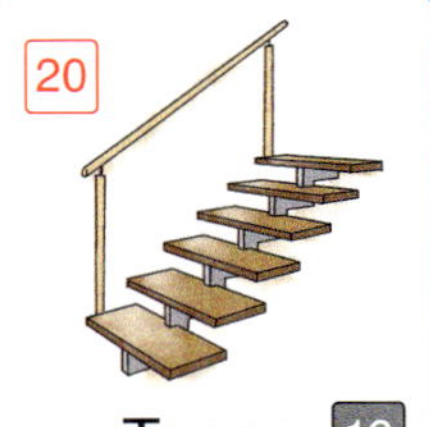

Tonne	16
Telefon	21
Treppe	15

21

Tomate	18
Teich	16
Trommel	5

22

Teddy	9
Tisch	20
Tube	8

23

Tür	16
Tiger	13
Taxi	7

24

Teufel	22
Turm	18
Taucher	12

Welches Wort steht nur einmal in der Zeile?
Vermeide Fehler durch zu schnelles Arbeiten!

1	Unkraut 4	Urteil 6	Ufer 9	Urteil 2	Unkraut 10
2	Urwald 24	Uhr 17	Uniform 21	Urwald 1	Uniform 15
3	Ursache 18	Unglück 20	Ursache 16	Unglück 5	Uhu 14
4	Urlaub 13	Ungeziefer 16	Urlaub 5	Umhang 10	Ungeziefer 15
5	Umschlag 1	Ungeheuer 3	Unrecht 16	Ungeheuer 12	Unrecht 11
6	Unfug 17	Urkunde 19	Unfug 11	Urkunde 13	Unfall 18
7	Unwetter 14	Unfall 18	Unwetter 2	Unfall 7	Unfug 5
8	Umschlag 4	Untier 10	Umschlag 17	Ungeheuer 3	Untier 22
9	Unterricht 20	Ungeziefer 13	Umhang 8	Unterricht 23	Umhang 6
10	Unglück 2	Uhu 3	Unsinn 18	Uhu 21	Unsinn 13
11	Uhr 9	Unschuld 23	Uniform 4	Unschuld 19	Uhr 22
12	Unruhe 23	Ufer 21	Unkraut 6	Ufer 1	Unruhe 19

13	Unkraut 10	Unrecht 21	Urwald 15	Unkraut 18	Urwald 22
14	Uniform 8	Urteil 12	Unruhe 23	Urteil 9	Uniform 11
15	Unglück 16	Ursache 20	Unglück 11	Ursache 23	Unschuld 19
16	Unsinn 22	Urlaub 11	Ungeziefer 7	Urlaub 12	Ungeziefer 13
17	Ungeheuer 14	Unterricht 11	Urkunde 15	Ungeheuer 23	Urkunde 19
18	Unfug 7	Unwetter 15	Unfug 8	Unwetter 1	Untier 20
19	Untier 22	Unfall 6	Untier 24	Unfall 16	Unwetter 12
20	Umschlag 17	Urkunde 15	Unterricht 21	Umschlag 5	Unterricht 16
21	Unsinn 20	Umhang 4	Unsinn 14	Urlaub 7	Umhang 8
22	Ursache 24	Unschuld 2	Uhu 19	Unschuld 13	Uhu 21
23	Uhr 17	Unruhe 22	Uhr 18	Urteil 16	Unruhe 20
24	Unrecht 24	Urwald 8	Ufer 3	Unrecht 14	Ufer 19

Wörtersuchrätsel.

In jeder Zeile versteckt sich ein Wort. Welches?

1	V	N	E	V	A	T	E	R	V	Ö	R	P	L
2	Ü	V	E	R	L	O	S	U	N	G	V	E	M
3	O	E	V	D	N	V	F	V	E	R	B	O	T
4	V	E	R	K	Ä	U	F	E	R	V	Ü	Z	P
5	V	I	Z	R	Ö	V	A	S	E	V	Z	V	C
6	C	V	E	R	L	E	T	Z	U	N	G	V	L
7	V	A	B	T	V	E	R	K	E	H	R	V	Ü
8	E	V	T	K	L	V	E	R	S	T	E	C	K
9	B	H	V	E	R	E	I	N	V	G	I	V	K
10	V	A	P	M	V	E	R	B	A	N	D	V	N
11	O	V	E	R	L	U	S	T	V	Ä	M	K	P
12	V	J	A	V	E	R	S	P	Ä	T	U	N	G

Verbot 4
Vase 10
Vater 5

Verein 3
Verlosung 1
Verband 9

Verletzung 2
Verlust 11
Verkäufer 6

Verspätung 7
Versteck 12
Verkehr 8

13	V	C	V	I	E	R	E	C	K	V	P	U	X
14	V	P	I	Q	S	E	V	O	G	E	L	V	K
15	R	E	L	V	I	E	H	V	D	G	V	M	F
16	E	D	V	Q	U	V	O	R	H	A	N	G	V
17	V	T	Ö	V	O	R	M	I	T	T	A	G	V
18	K	V	O	R	F	A	H	R	T	V	C	H	E
19	V	W	R	V	E	R	S	U	C	H	V	Y	B
20	V	I	O	L	I	N	E	V	K	L	E	Ä	N
21	Q	U	V	B	I	V	O	R	R	A	T	V	K
22	A	T	V	S	Z	V	O	R	S	I	C	H	T
23	V	T	S	V	U	L	K	A	N	V	R	I	O
24	N	V	A	J	V	P	H	V	O	L	K	V	O

Vieh 16 Volk 22 Vorfahrt 15 Vorrat 21

Violine 23 Vogel 14 Vormittag 19 Vulkan 24

Versuch 20 Viereck 18 Vorhang 17 Vorsicht 13

Ein Wort – zwei Bilder.

Gesucht: die passende Abbildung!

1 Waage — 4, 3

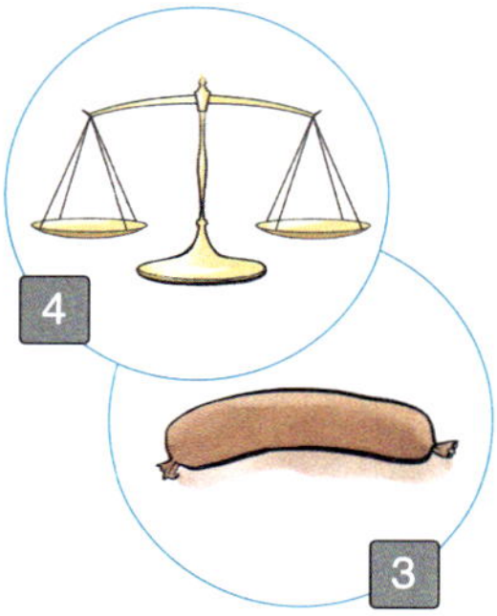

2 Waffel — 11, 19

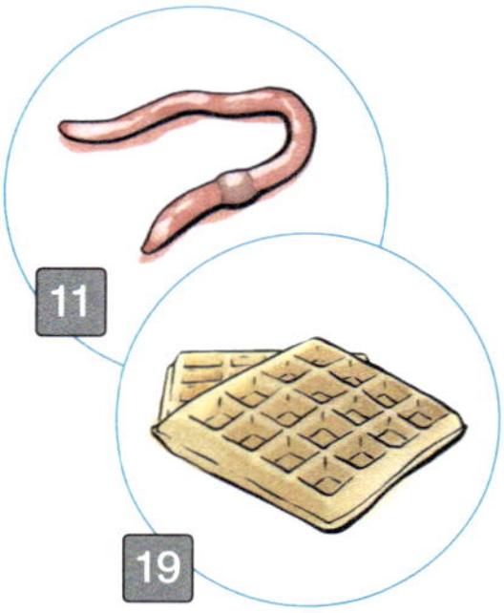

3 Wagen — 20, 24

4 Waggon — 7, 3

5 Wal — 11, 15

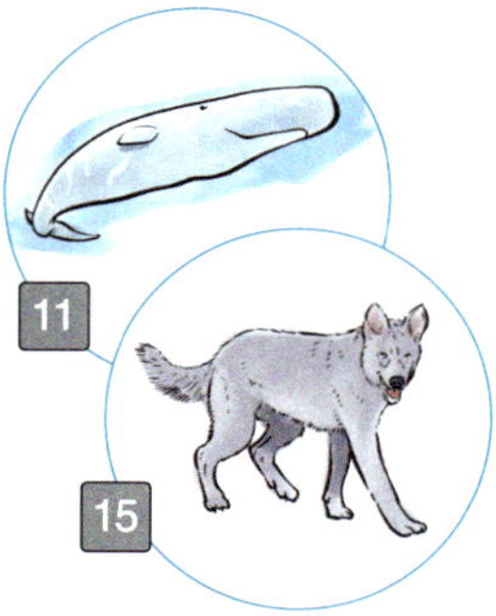

6 Wald — 23, 20

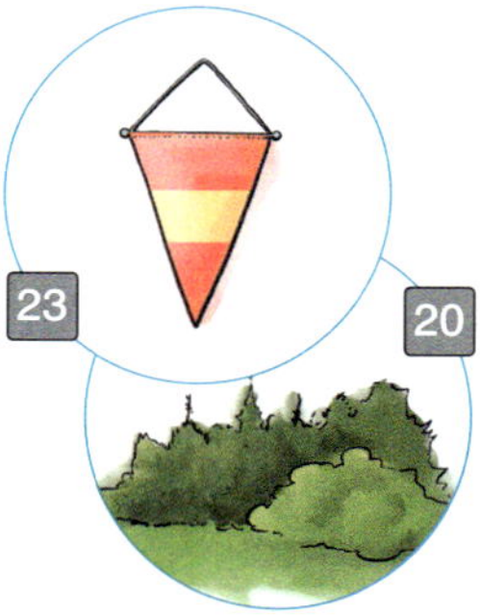

7 Wand — 7, 12

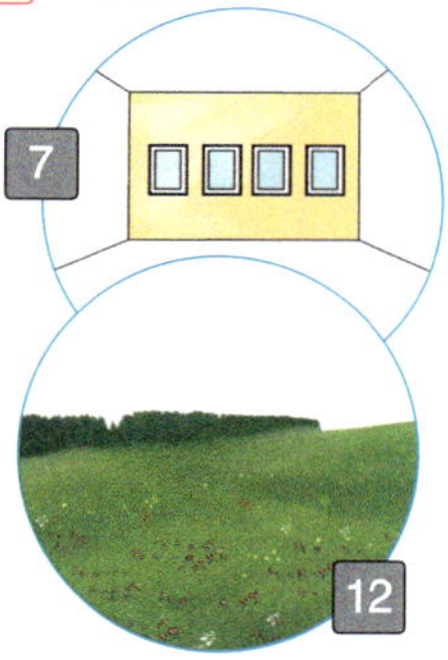

8 Wanne — 16, 15

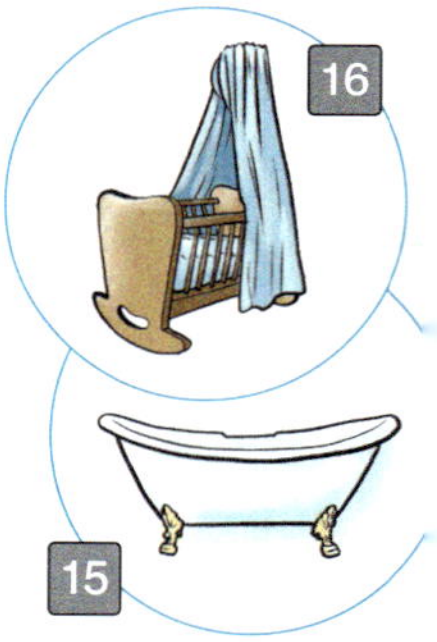

9 Wappen — 8, 23

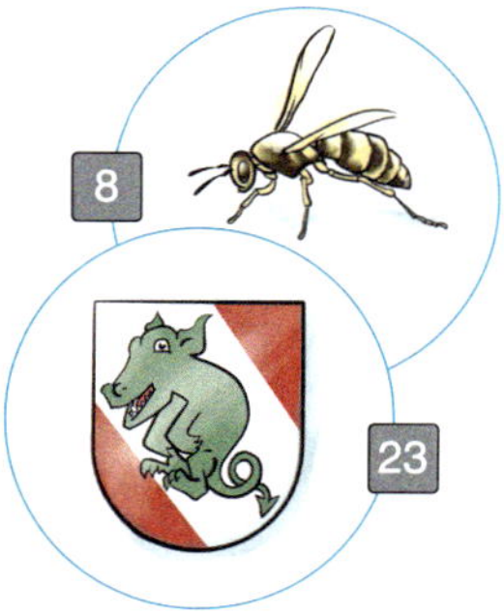

10 Watte — 12, 9

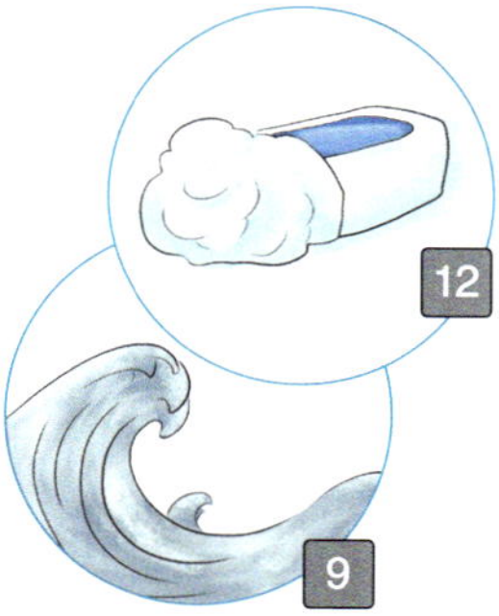

11 Wecker — 13, 16

12 Weg — 17, 8

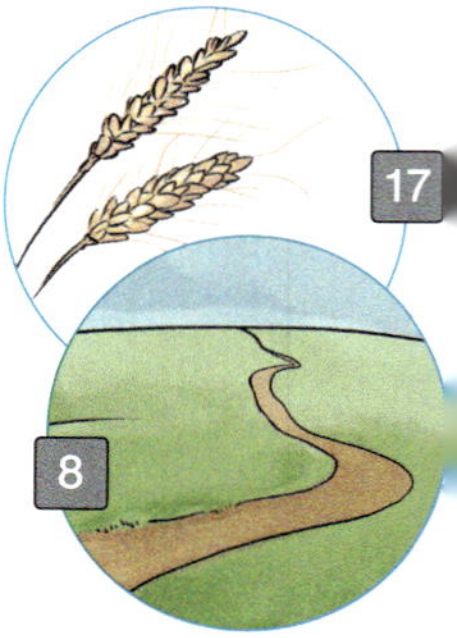

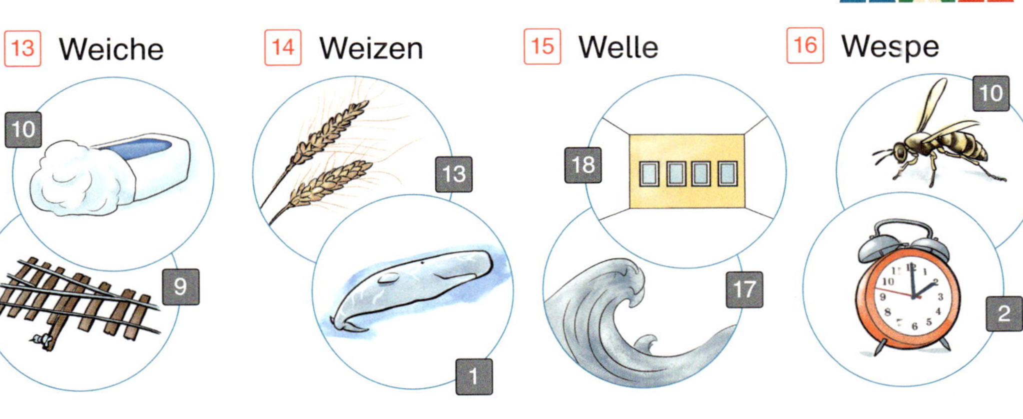

13 Weiche

14 Weizen

15 Welle

16 Wespe

17 Wiege

18 Wiese

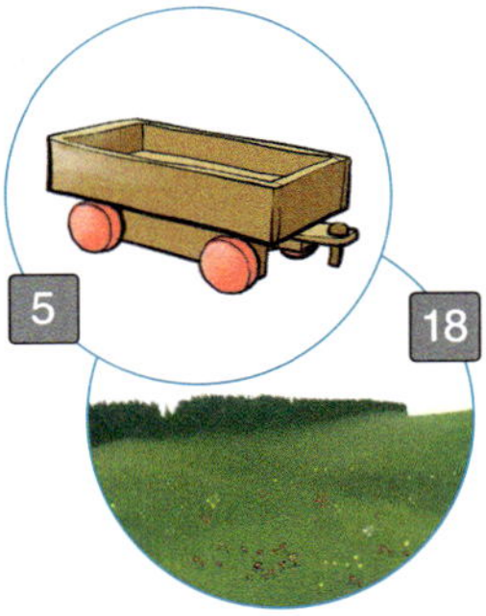

19 Wimpel

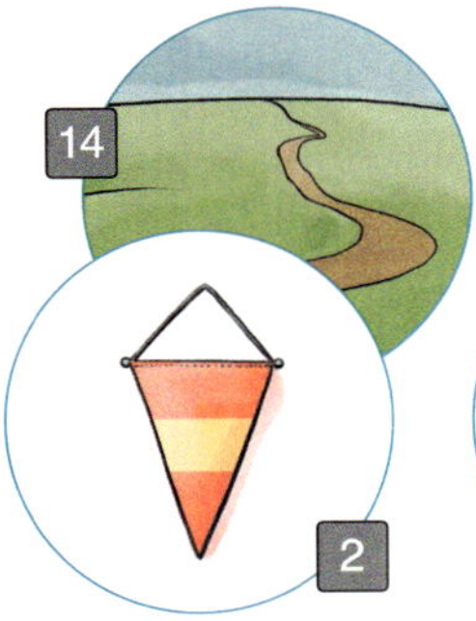

20 Wolf

21 Wolke

22 Würfel

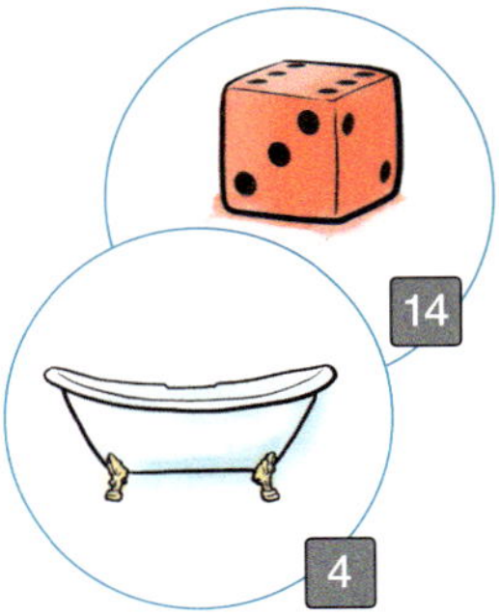

23 Wurm

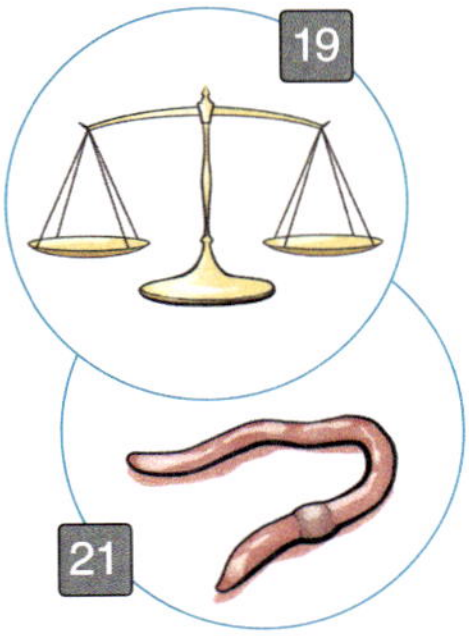

24 Wurst

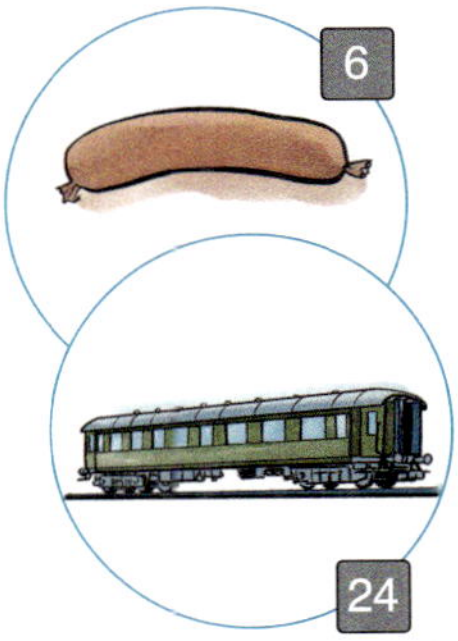

Xelofee – die fixe Hexenmeisterin!

Setze das Hexenpuzzle richtig zusammen!

Seltene Vornamen.
Wo steht der gleiche Name von rechts nach links geschrieben?

1	Yasmine	ennovY	20
2	Yola	ybbA	17
3	Yvette	aloY	22
4	Yvonne	lyrreB	21
5	Abby	enimsaY	19
6	Berryl	ettevY	24
7	Carry	aihtnyC	13
8	Cynthia	ysiaD	18
9	Cyra	ylloD	15
10	Daisy	yrraC	16
11	Dany	ynaD	14
12	Dolly	aryC	23

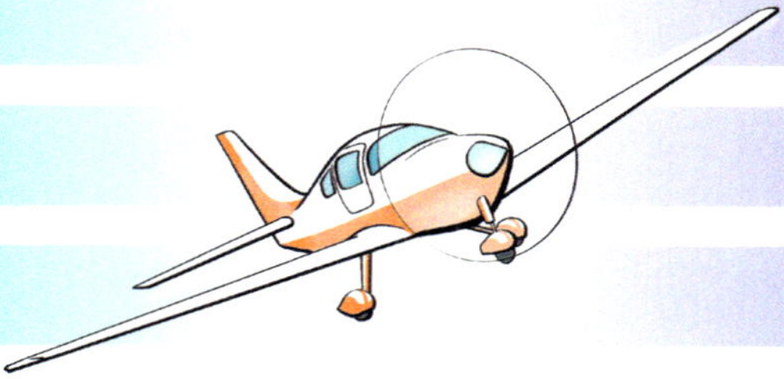

13	Yago	ynneB	11
14	Yves	ogaY	7
15	Benny	ybboB	4
16	Billy	sevY	10
17	Bobby	yelrahC	12
18	Charley	ylliB	8
19	Conny	yddE	9
20	Cyrill	yrtimiD	5
21	Dimitry	ynnoC	3
22	Eddy	yraG	6
23	Freddy	lliryC	1
24	Gary	ydderF	2

Z

Wähle die passende Abbildung aus!

Nr.		Wort			
13	○	Ziegel	 21	 23	 7
14	~	Zigarre	 16	 9	 20
15	○	Zirkel	 23	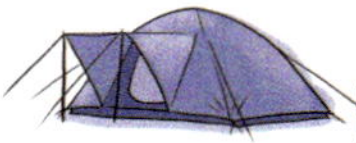 3	 20
16	~	Zitrone	 12	 20	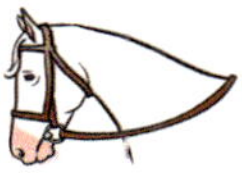 17
17	○	Zoo	 4	 13	 3
18	○	Zopf	 1	 15	 12
19	○	Zucker	 17	 4	 22
20	○	Zug	 24	 1	 10
21	○	Zügel	 14	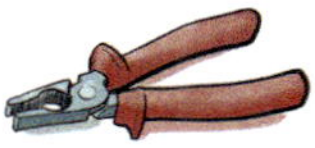 19	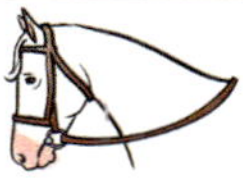 17
22	○	Zweig	 6	 10	 14
23	~	Zwiebel	 18	 14	 19
24	○	Zwirn	 23	 21	 6

N–W

Von N bis W.
Ordne richtig zu!

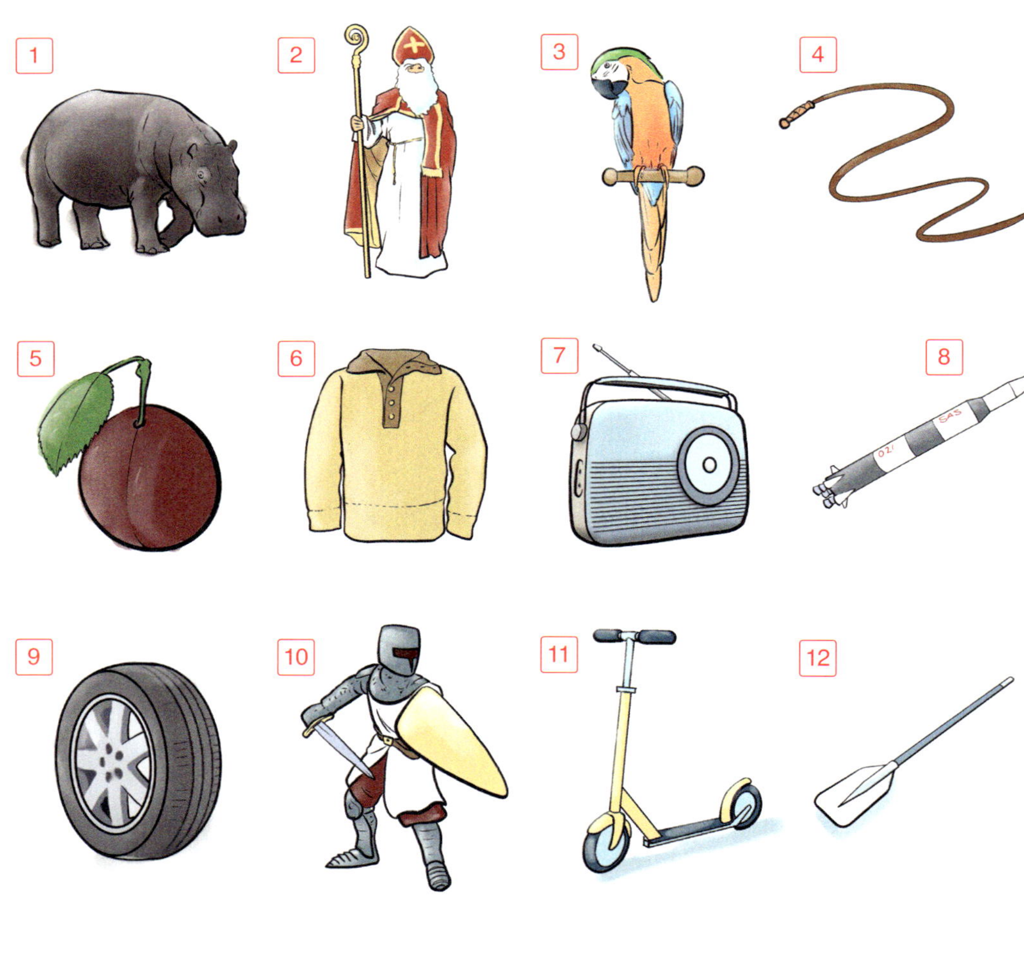

○ Nikolaus 9	○ Pullover 22	○ Ritter 6	□ Radio 15
□ Nilpferd 7	∼ Pflaume 17	∼ Rakete 13	○ Roller 2
○ Papagei 24	∼ Peitsche 20	□ Ruder 4	○ Reifen 11

13

14

15
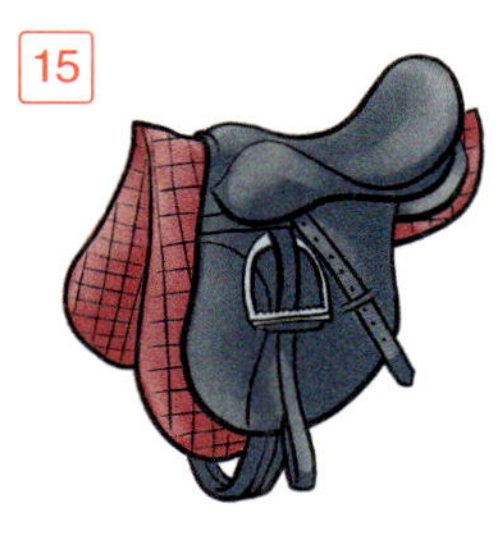

16

17

18
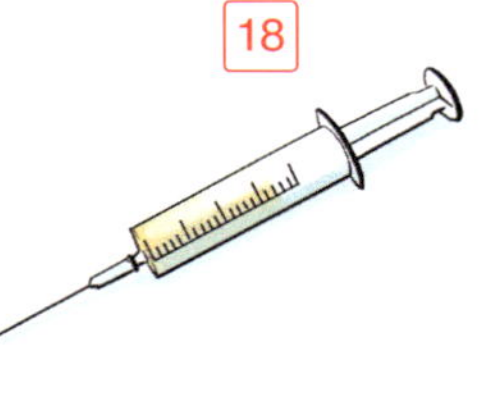

19

20

21

22

23

24

○ Spaten 8	∼ Säule 19	○ Teufel 5	○ Taucher 1
∼ Spritze 12	○ Stempel 3	∼ Tafel 16	○ Wimpel 18
○ Sessel 21	○ Sattel 23	∼ Tomate 10	○ Würfel 14

Endspurt.

Finde die richtige Zuordnung!

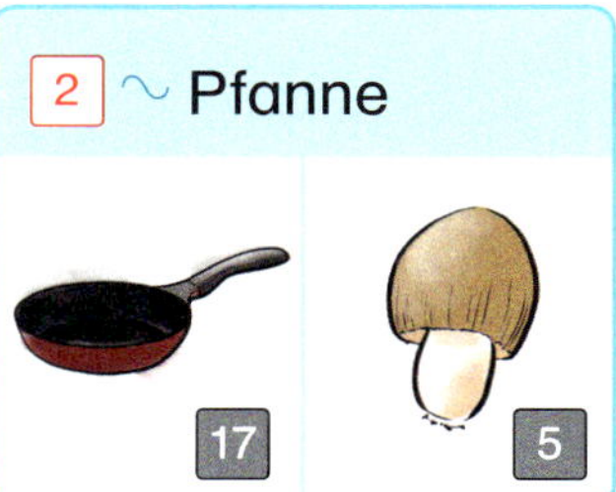

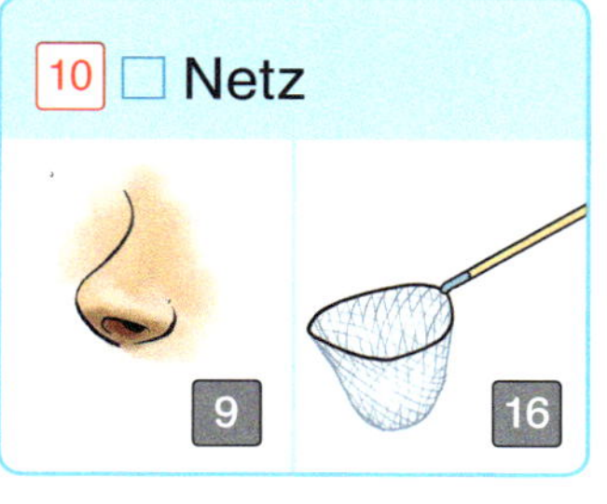

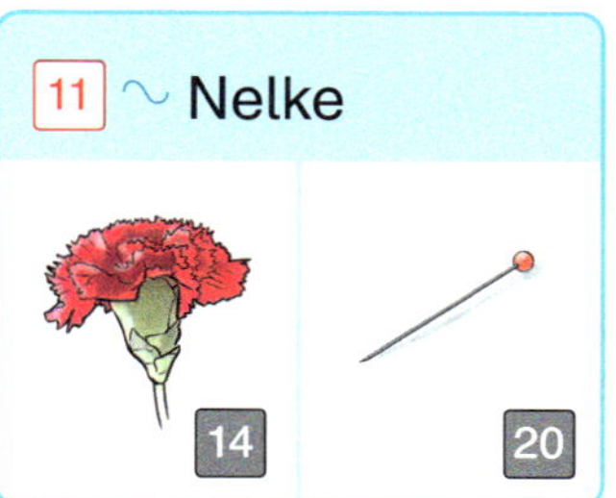

13 ∼ Sichel

14 ∼ Tasse

15 ○ Zahn

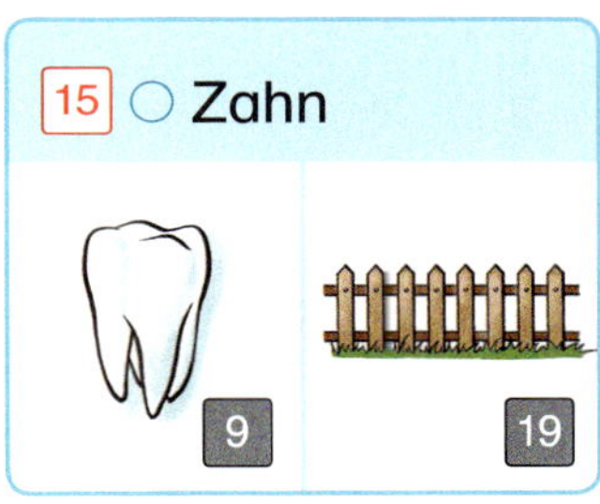

16 ∼ Zange

17 ○ Sack

18 □ Taxi

19 ○ Teller

20 □ Seil

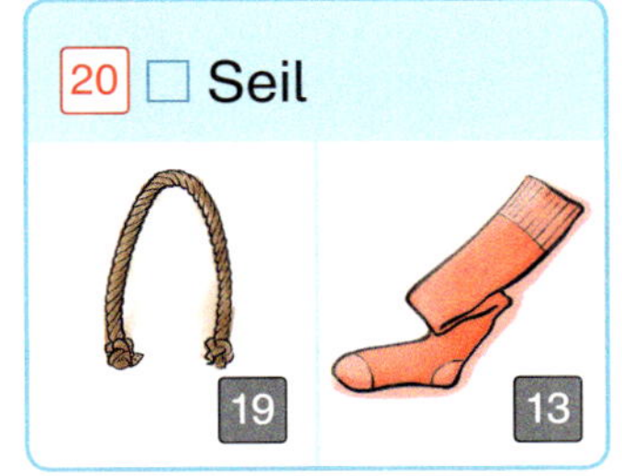

21 □ Zebra

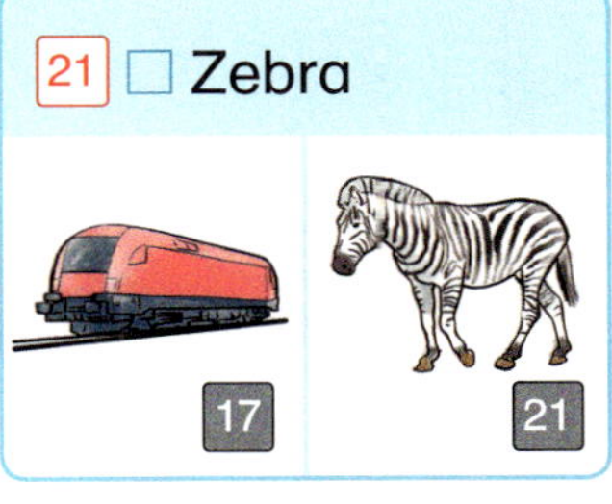

22 □ Telefon

23 ∼ Zwiebel

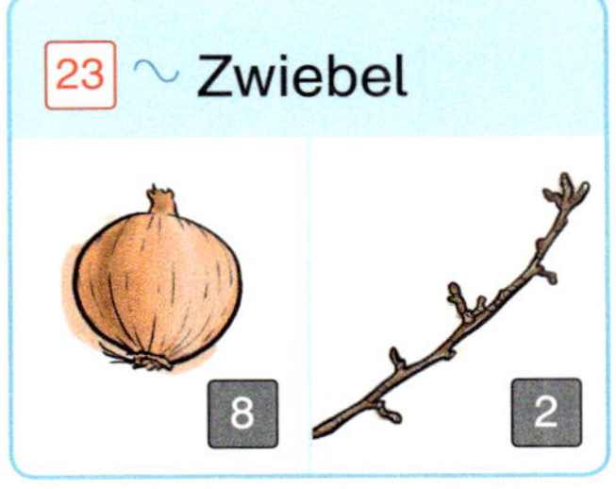

24 ∼ Säge

Zum Schluss zwei Bilderrätsel.

Hier siehst du 60 Abbildungen. Vier dieser Abbildungen sind doppelt vorhanden. Aus den Anfangsbuchstaben dieser Bilder kannst du ein Wort bilden. Es ist ein Tier, das es bei uns nur im Zoo gibt.

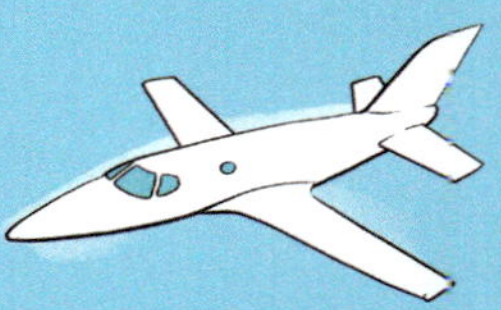

Auch hier gibt es 60 Abbildungen. Die Anfangsbuchstaben der vier doppelten Bilder ergeben einen Vornamen, den nur ein Junge haben kann.

Kennst du jetzt alle Buchstaben?

Aa

Bb

Cc

Dd

Ee

Ff

Gg

Hh

Ii

Jj

Kk

Ll